W0179701

MensSana

Im Knaur Verlag sind bereits
folgende Bücher der Autorin erschienen:
Jenseitige Welten
Schutzengel
Schutzengel-Kalender
Mit den Engeln durch das Jahr
Heilung mit der Kraft der Engel

Über die Autorin:
Jana Haas stammt aus Kasachstan/Russland und lebt seit 1992 in Deutschland. Von Kindheit an hat sie die Gabe der Hellsichtigkeit. Sie kann die geistige Welt genauso deutlich sehen wie die materielle. Mit dem Wissen, das ihr auf diese Weise zuteilwird, klärt sie die Menschen über die Zusammenhänge der geistigen Welt auf. Sie hält zahlreiche Vorträge, Seminare und Schulungen.
Durch Bücher, Kongresse, TV und Presse ist sie einem großen Publikum bekannt geworden. Jana Haas lebt heute am Bodensee.
Weitere Informationen unter: www.jana-haas.de

Inhalt

1. Die Erzengel und das neue Zeitalter

*E*rzengel! Flößt nicht allein schon dieses Wort Ehrfurcht ein, vielleicht sogar so etwas wie eine heilige Scheu? Erzengel Michael, der Engel der himmlischen Gerechtigkeit. Erzengel Raphael, der Helfer in der Not und Heiler, der neben Tobias und Tobit auf der Erde wandelt. Erzengel Gabriel, der die Ankunft des Messias verkündet.

Erzengel: Sind das nicht die hohen Abgesandten des Schöpfergottes, die mit der Vollmacht ausgestattet sind, das Werk der spirituellen Entwicklung von Schöpfung und Menschheit, von Erde und Lebewesen, von himmlischen Geistwelten und irdischen Ebenen weiter voranzubringen und so den höchsten Willen zu erfüllen?

Oder hat die Inflationierung der bald unzähligen – meist doch eher bildhaft erdachten – Erzengelkontakte bereits zu einer Art Abstumpfung geführt? In zahlreichen Büchern werden diese hohen Lichtwesen quasi als Allerweltskumpel vorgestellt, die jederzeit herbeispringen, wenn wir sie nur rufen. Ich selbst darf Engel und Erzengel, hohe Geistwesen und lichte Naturwesen selbst erfahren und mit ihnen direkt kommunizieren. Meine Erfahrung ist es, dass sie nicht jederzeit herbeispringen, wenn wir sie rufen. Bevor ich jedoch näher auf die Kontaktaufnahme mit diesen hohen Wesen eingehe, werden im ersten Kapitel drei zentrale Begriffe geklärt, nämlich *Engel*, *Erzengel* und *neues Zeitalter*. Ich möchte Ihnen mit diesem Buch auch eine Reihe von Zeugnissen über Engel aus verschiedenen Religionen, Zeiten und Kulturen vorstellen. Daraus lässt sich ersehen, welche wesentliche Bedeutung die Erzengel schon immer für den Menschen hatten.

Alle wichtigen Religionen berichten von Geistwesen, welche die vielfältigen Dimensionen zwischen Himmel und Erde, zwischen Gott und Mensch bevölkern. Sie sprechen von verschiedenen Aufgaben, welche die Engel erfüllen: als Verkündigungsengel göttlicher Botschaften, als Schutzengel für die Menschen, als Dienstengel für den Heiligen Geist, aber auch als mahnende und strafende Engel, als Verherrlichungsengel am Throne Gottes oder als Gerichtsengel. Einhellig gehen die meisten Religionen davon aus, dass der Mensch die Krone der Schöpfung darstellt, obwohl der Mensch kleiner, schwächer und – in den meisten Fällen – gottferner scheint als die Engel und besonders die Erzengel.

Ich möchte den oben genannten Engeln noch jene für mich deutlich unterscheidbaren Gruppen hinzufügen, die in der normalen theologischen Literatur sonst nicht erwähnt werden. Es sind dies zunächst einmal: Heilkraftengel, Familienengel, Kristallengel, Karmaengel, Inkarnationsengel, Schicksalsengel und Helferengel. Auch die sogenannten Putten und in gewisser Weise ebenfalls bestimmte Naturwesen und lichtvolle Ahnen zählen zu den hilfreichen Geistwesen, die oft unter der Gesamtüberschrift Engel gemeint sind. In meinen Engelkarten haben alle diese Lichtwesen ihren Platz gefunden.

Die folgenden Kapitel sind nicht historisch und theologisch ausgelegt. Hintergründe und Handlungsvorschläge schildere ich Ihnen aufgrund meiner persönlichen täglichen Erfahrung im Austausch mit den lichten geistigen Welten von meiner Kleinkindzeit an bis jetzt. So halten Sie mit diesem Buch die Früchte von dreißig Jahren eigenen Erlebens und über einem

Dutzend Jahren bewusster eigener Engelarbeit in den Händen. Auf die Zuordnung der Erzengel in verschiedene Systeme wird im Anhang näher eingegangen: Hier finden all jene Leser(innen) Wissenswertes, die sich gerne mit der Theorie auseinandersetzen.

Bei diesem Buch haben alle genannten Erzengel mitgeholfen, vor allem jene neun, welche die neun Entwicklungsschritte begleiten, die eine Kernbotschaft der Erzengel darstellen. Mit diesen neun Entwicklungsschritten wollen sie uns helfen, bewusster, lichtvoller und lebensfroher die Herausforderungen der neuen Zeit zu erkennen, anzunehmen und zu meistern.

Engel

Es gibt zahlreiche Ableitungen zur Herkunft des Wortes Engel. Im Sanskrit ist *angiras* ein göttlicher Geist; im Persischen bedeutet das Wort *angaros* Kurier; das griechische Wort *angelos* bezeichnet einen Boten. Im Allgemeinen werden Engel als Boten Gottes betrachtet, als Schutzgeister der Menschen, vor allem von Kindern, Alten, Kranken und solchen, die reinen Herzens sind, manchmal auch als Künder des Schicksals. Engel sind offensichtlich Geistwesen und Teil der göttlichen Schöpfung und Ordnung. Zumeist wird ihnen ein eigenes Bewusstsein zugeschrieben. Darüber, ob sie einen genauso großen oder kleinen freien Willen besitzen wie wir Menschen, herrschen unterschiedliche Ansichten. Manche Menschen meinen, dass Engel nur und immer den Willen Gottes erfüllen. Das hieße, sie hätten keinen eigenen freien Willen. Andere weisen darauf hin, dass es sogenannte gefallene Engel gibt wie Luzifer, den Lichtträger. Das würde bedeuten, dass auch Engel einen gewissen freien Willen haben.

Meiner Erfahrung nach haben Engel ebenfalls einen freien Willen, der sich jedoch vom menschlichen unterscheidet. Die Engel unterliegen nicht dem Resonanzprinzip und befinden sich somit immer im Frieden, anstatt mal im Leid oder mal in Euphorie. Sie entscheiden mit göttlicher Anregung, in welcher Aufgabe am Kosmos, am Menschen und an der Erde sie ihre Kraft einsetzen.

Ein kleiner Exkurs, der sich hier aufdrängt: Oder ist – als dritte Sichtweise – alles, sowohl Gut als auch Böse, sowohl Licht als auch Dunkel, sowohl Leben und Sterben, Tod und Auferstehung, irdische Gebundenheit und himmlische Erlösung immer ein Teil eines großen göttlichen Ganzen, das nie isoliert herausgelöst werden kann? Ist vielleicht alles himmlisch geordnet und bestimmt?

Es ist alles himmlisch geordnet, und wir bestimmen selbst mit dem freien Willen über unsere Entscheidungen im Leben.

Die fünfzehnbändige Ausgabe des Brockhaus (Ausgabe von 1997) gibt zum Thema Engel folgende Auskunft: Sie sind »Mittlerwesen zwischen Gott und Mensch«. Und weiter: »Die Engel sind ihrer Gottheit als höchste Stufe der Schöpfung in personaler Gestalt untergeordnet. Sie haben einen Licht-, Äther- oder Feuerleib. Widergöttliche, dämonische Mächte gelten oft als gefallene Engel.«

Offenbar gibt es in den Engelwelten Abstufungen, Hierarchien und andere Formen der Unterteilung.

Erzengel

Als Erzengel (Einzahl *der Erzengel*, griechische Einzahl *Archangelos*, Mehrzahl *die Erzengel*, *Archangel[o]i*) werden sowohl in der Bibel (inkl. der deuterokanonischen Bücher) als auch im Koran ein oder mehrere Engel bezeichnet, die eine herausragende Rolle spielen. Die Vorsilbe »Erz-« entstand aus dem griechischen Wort *Arch* bzw. *Archon* und bedeutet Herrscher. Diese Vorsilbe war und ist auch heute noch Bestandteil von kirchlichen Titeln wie dem Erzbischof. Es gibt also Herrscher-Engel.

Interessant ist, dass man aus allen alten Beschreibungen und auch aus den heutigen bekannt gewordenen Engelerfahrungen – aus meinen eigenen wie aus zahlreichen anderen, die als authentisch gelten dürfen – ableiten kann, dass es sehr wohl Engel gibt, deren Lichtkörper heller strahlt, die machtvoller wirken, die mehr Vollmachten haben. Engel, die höhere Aufgaben für die gesamte Erde und die ganze Menschheit zu erfüllen haben als viele, viele andere Licht- und Himmelswesen. Diese strahlenderen, mächtigeren, kraftvolleren, teils auch entrückteren Engel nennen wir, da wir nun mal auf der Erde und in der Menschensprache Worte und Begriffe brauchen, schlicht Erzengel.

Das neue Zeitalter

Wir befinden uns mitten im Wandel aus einer alten in eine neue Zeit. Das neue Zeitalter ist mit seinen Energien, die oft eine völlige Veränderung und eine tiefe Umwälzung mit sich bringen, inzwischen fast allen Menschen auf der Erde bewusst geworden. Die Transformation der Bewusstseinsschwingung beschränkt sich heutzutage nicht mehr auf wenige Eingeweihte oder kleine, wahrhaft esoterische Zirkel, sondern hat sich auf der Ebene von Wirtschaft und Umwelt, Gesellschaft und Politik drastisch bemerkbar gemacht.

Wir alle sind Zeugen von Krisen und Umwälzungen in Wirtschaft und Gesellschaft. Es geht um eine Neuordnung von Werten. Es geht um Ziele und Wege, die möglichst allen Menschen nutzen, nicht nur dem Profitstreben von wenigen. Auch im persönlichen Leben von vielen Menschen gibt es Veränderungen, die wir uns so rasch und so umfassend vor wenigen Jahren noch nicht einmal hätten ausmalen können. Umzüge, Berufswechsel, Veränderung in Partner- und Familienbeziehungen – wir sind dabei, in die neue Zeit aufzubrechen. Seit der Jahrtausendwende stecken wir sogar mittendrin. Viele tiefgreifende Umwälzungen haben lange vorher begonnen. Der Wandel von Eisenbahn und Auto zu Flugzeug und Rakete, von mechanischem Rechenapparat über Lochkartenmaschine zu Computer, von Telegraph und Telefon zu Handy und Internet. Die Epochen von Dampfmaschine, Erdöl- und Chemieindustrie, Massenfertigung und Luftfahrt sind von Raumfahrt, Informationsgesellschaft und virtuellem Leben viel schneller und nachhaltiger an den Rand gedrängt worden, als sich das irgendjemand auch nur hätte vorstellen können. Umso bedeutsamer ist die Sinnsuche geworden. Umso kraftvoller bricht sich ein neues spirituelles Denken Bahn. Umso mehr erhalten suchende Seelen Hilfen aus den lichtvollen geistigen Welten. Wir erleben Engelerfahrungen und übersinnliche Wahrnehmungen, tief berührende Nahtoderlebnisse und unerklärliche Wunderheilungen.

Die alten Rezepte und bisherigen Methoden einer materialistischen Weltanschauung taugen nicht mehr. Aber auch die meisten dogmatisch-theologischen Welterklärungen und viele philosophische und psychologische Menschenbilder helfen nicht weiter. Ziele haben sich als oberflächlich erwiesen, wie es in Wirtschaft und Finanzwesen, in Gesellschaft und Religion offensichtlich geworden ist. Im Gesundheitswesen und im Bereich der Spiritualität erleben wir sicher bald ähnliche Umbrüche, wenn geistiges Heilen sich mehr und mehr verbreitet und Menschen lernen, es für sich selbst anzuwenden.

Der gesellschaftliche Wechsel hin zu Werten, zur Loslösung von falschen Mitteln, alten Wegen und kraftlosen Motivationen findet auch in den Welten von Seele und Geist, von Psychologie und Spiritualität statt. Dieser Bewusstseinswandel wird von manchen der sogenannten Lichtarbeiter(innen) vorangebracht – obwohl der Begriff inzwischen ein wenig abgenutzt ist und manche vielleicht lieber von Energiearbeitern oder Bewusstseinswerkern sprechen. Es gibt viele Menschen, die sich selbst gar nicht so bezeichnen würden und die dennoch – manchmal, ohne das selbst zu wissen – zur positiven Veränderung in der neuen Zeit beitragen. Menschen, die durch ihr Leben und ihr Fühlen und Handeln mehr Licht und Liebe in diese Welt bringen.

»Redet nicht, tut etwas«, sagte *Hermann Gmeiner*, der große Liebende der Menschen und vor allem der Kinder der Welt. Er war der Begründer der SOS-Kinderdörfer, die 2009 ihren sechzigsten Geburtstag feierten. *Hermann Gmeiner* sagte auch: »Alle Kinder sind unsere Kinder.« Alle Menschen sind unsere Familie, und wir selbst gehören ebenso dazu. Sogar und gerade, wenn wir uns selbst etwas Gutes tun, helfen wir damit allen anderen. Auch das ist gelebte Spiritualität!

2012 HAT LÄNGST BEGONNEN

Um das Jahr 2012 gibt es einen regelrechten »Hype«. Wir brauchen und sollen aber nicht auf mögliche Veränderungen in einem bestimmten Jahr warten. Schon gar nicht in Angst davor erstarren. Die Transformation hat längst begonnen. Die meisten Referenten der Konferenzen, an denen ich teilnehme, datieren den Beginn um die Jahrtausendwende 2000/2001. Der sogenannte Maya-Kalender besagt lediglich, dass eine neue Zeit kommt, die mit den Methoden des alten Kalenders nicht mehr zu messen ist. Ein neuer Zyklus in der Bewusstseinsentwicklung der Menschen leuchtet herauf, der sich mit den Gedankenmustern und spirituellen Mitteln der alten Zeit, der alten Energie nicht mehr fassen und auch nicht mehr weiterentwickeln lässt. Dies ist meines Erachtens die verborgene Botschaft des Maya-Kalenders.

Erzengel und Menschen in der neuen Zeit

Die Erzengel haben aus ihren Himmelshöhen natürlich schon immer gewirkt, um Menschen Hoffnung und Führung anzubieten. Im Unterschied zu früheren Zeiten geben sie uns heute jedoch die Chance, direkt durch unser eigenes Bewusstsein aktiv zu werden. Die Erzengel rufen jeden Menschen unserer Zeit dazu auf – man könnte sogar sagen, dass sie uns heutzutage regelrecht anrufen –, nach oben zu schauen bzw. nach innen, um geistige Impulse aufzunehmen, um eine geistige Offenheit zu erlangen und vor allem um ganz praktisch Gutes zu tun. Das klingt vielleicht fromm oder banal, ist es jedoch keineswegs. Indem wir Gutes tun, uns menschlich verhalten und tolerant und großzügig werden – nicht leichtgläubig oder naiv –, setzen wir mit unserem eigenen Alltagsleben bewusst positive Akzente, die bewirken, dass sich unsere eigene positive und spirituelle Persönlichkeit weiter entfaltet.

Die neue Zeit ist das, was man in der Antike das Goldene Zeitalter nannte. Wir stehen an der Schwelle zu einer solchen neuen und goldenen Zeit; einer Zeit, in der spirituelle Werte wieder zählen. Einer Zeit, in der jeder Mensch aufgerichtet wird und aufrecht durch das Leben geht und seinen Beitrag für die ganze Welt erbringen kann. Manchen Menschen klingt das vielleicht zu anspruchsvoll oder einfach utopisch. Das ist es jedoch nicht. Es ist Teil der himmlischen Herausforderung und der Aufgaben für den Alltag, den die Erzengel uns in der Wendezeit geben. Dabei unterstützen sie uns aktiv. Erzengel können – über unser Bewusstsein – in Wirtschaft und Gesellschaft eingreifen und positive Veränderungen bewirken. Sie können soziale und sogar politische Angelegenheiten positiv steuern. Das alles ist möglich, wenn wir unsere Gedanken auf sie richten, wenn wir für ihre Führung offen sind und sie annehmen. Wir können und sollten lernen, die Welt mit ihren Augen zu sehen, um somit die Welt, die Menschen und unseren Lebenssinn besser zu verstehen. Das heißt zugleich, dass wir die Welt, die Menschen und das Leben mit göttlichen Augen betrachten.

Was macht den Menschen der neuen Zeit aus? Wir haben viel mehr Kontakte zu den geistigen Welten, zu Energien und auch zu Heilkräften als je zuvor. Wir entwickeln ein Bewusstsein für soziale Gerechtigkeit, religiöse Toleranz, mitmenschlichen Umgang mit dem Nächsten und dem weit entfernt Lebenden. Ein globales Ganzheitsbewusstsein entsteht in allen Bereichen, nicht zuletzt auch im Gesundheitswesen. Viele Menschen stellen fest, dass sie positive Impulse setzen können, dass es Hoffnung gibt, dass die neue Zeit ganz neue Chancen mit sich bringt – und dass sie dabei durch die Kraft der Erzengel eine wunderbare Hilfe und Führung nutzen können, die Licht und Kraft vermittelt.

2. In Kontakt mit Engeln und Erzengeln

In jedem Zeitalter gab es Menschen, die Kontakt zu den lichten geistigen Dimensionen, zu den Himmelssphären hatten, also auch Menschen, die eine Verbindung zu den Engelwelten und einzelnen Engeln hatten. Aber es waren immer nur wenige Menschen, denen diese Gabe geschenkt wurde. In früheren Zeiten, die man durchaus als eher männlich beherrschte Epochen bezeichnen kann, gab es weniger Menschen, die für feine Schwingungen und lichte Botschaften offen waren. Diese feinen lichten Energien fließen aus einer mehr weiblichen spirituellen Quelle. Viele Menschen erfahren heute eine gewisse Balance zwischen männlichen und weiblichen Kräften und spüren, dass die weibliche Energie an Einfluss und Wirkung gewinnt – in Religion und Spiritualität, aber auch in sozialen und künstlerischen Bereichen. Das hat erkennbar dazu geführt, dass heute sehr viele Menschen – ich meine sogar, alle! – von ihrem Bewusstsein her prinzipiell in der Lage sind, sich für Engelkontakte zu öffnen und eigene Engelbotschaften zu erfahren.

Zahlreichen Menschen gelingt es heute leicht, mit ihrem Schutzengel in Kontakt zu treten und seine Gegenwart nicht nur zu erbitten, sondern auch zu spüren. Warum? Nun, es fällt uns nicht mehr schwer, an einen persönlichen Schutzengel zu glauben. Und das ist ein erster, entscheidender Schritt, um überhaupt mit Engeln in Berührung zu kommen. Da uns der Schutzengel tagtäglich begleitet und dabei unsere Lebensziele und unseren Lebenssinn im Auge behält und uns dabei fördert, Ziel und Sinn zu erreichen und zu erfüllen, ist er uns einfach näher und irgendwie auch selbstverständlicher. Schutzengel sind nun mal für die persönliche Entwicklung des einzelnen Menschen in der Gegenwart zuständig. Schutzengel begleiten den Menschen zudem nach seinem physischen Tod in der geistigen Welt, um auch dort seine weitere Entwicklung zu unterstützen.

Erzengel jedoch sind ihrer Hauptaufgabe nach für die kollektive Entwicklung der Menschheit, nicht für einzelne Menschen verantwortlich. Die kollektive, globale Entwicklung der Menschheit spielt für den Einzelnen nach dessen Körpertod keine Rolle mehr. Sie hat vor allem mit Impulsen und Weichenstellungen für die Zukunft zu tun.

Schwieriger als zu den Schutzengeln ist es, eine bewusste Verbindung zu den Erzengeln aufzunehmen. Sie wirken so mächtig und fern, dass wir aus Ehrfurcht vielleicht gar nicht wagen, eine Verbindung mit ihnen aufzubauen. Denken wir an den Erzengel Gabriel, der Jesu Geburt verkündet und Mohammed den Koran übermittelt, oder an Erzengel Michael, der als Richterengel Gericht hält und das Dunkle besiegt, wie es die Johannes-Offenbarung schildert. Oder denken wir an den Erzengel Raphael, wie er Tobit und Tobias führt, heilt und hilft, wie es uns das Buch Tobit in der katholischen Bibel berichtet. Da kann man sich als Normalsterblicher nur schwerlich vorstellen, einer Botschaft oder eines Kontaktes für würdig befunden zu werden.

Ein zweiter Grund, warum es keineswegs so leicht und selbstverständlich ist, mit den Erzengeln in Verbindung zu gelangen, wie es manche glauben wollen, hängt mit den Aufgaben der Erzengel zusammen. Sie wirken eben nicht für einzelne Menschen und deren individuellen Lebensweg und geistige Entwicklung, wie es die Schutzengel tun, sondern für die

Menschheit als Ganzes. Authentischen Kontakt mit Erzengeln werden nur jene Menschen erleben, deren Sinn auf etwas Überpersönliches gerichtet ist. Menschen also, denen es nicht – so legitim das für sich genommen ist – nur oder vor allem um die Bewältigung einer persönlichen Schwierigkeit oder die Lösung eines persönlichen Problems geht, sondern die ein höheres Ziel verfolgen, die bereit dazu sind, höhere Aufgaben zu übernehmen, um so dem Wohle mehrerer oder vieler Menschen zu dienen. Das heißt, wenn man den Erzengeln persönliche Fragen stellt, wirken sie in ihren Antworten gleichzeitig auf alle beteiligten Menschen und beeinflussen somit die gesamte Entwicklung.

Nehmen wir an, ein Mensch hätte aus irgendeinem Grunde Angst. Solange er wie unterwürfig in der Angst steckt, sich darin vielleicht wie in völligem Dunkel verloren hat, kann dieser Mensch keine Lichtkraft erkennen. Wenn er sich jedoch so viel bewusste Geistesgegenwart bewahrt hat, seinen Schutzengel um Hilfe zu bitten, weil er noch in der Lage ist, an seinen Schutzengel zu denken und ihm zu vertrauen oder auf ihn zu hoffen, so wird ihm auf die eine oder andere Weise geholfen. Würde die gleiche Bitte an einen Erzengel gerichtet, würde hier ebenfalls der Schutzengel helfen oder sogar eingreifen. Den Kontakt zu Ihrem Schutzengel können Sie aktiv aufbauen und weiter pflegen durch Ihr gutes Tun im Alltag. Dies bildet eine Lichtbrücke, die immer fester und sicherer wird. Auf die Schutzengel werde ich in meinem nächsten Buch ausführlich eingehen.

Stellen Sie sich vor, Sie befänden sich in einer Notlage und bäten den Erzengel Michael um Hilfe, Ihnen Mut und Kraft zu verleihen. Doch Ihre Bitte richten Sie allein vom Kopf her an den Erzengel. Irgendwie glauben Sie dabei nicht an Ihre eigene Kraft. Das ist schade, denn dann wird meistens auch nichts passieren, da Ihnen die Offenheit für das Licht fehlt.

Wenn Sie sich jedoch auf Ihren eigenen Mut und Ihre innere Kraft besinnen und Erzengel Michael in dieser Haltung um Hilfe bitten, verbindet sich Ihr Licht – und wenn es auch klein sein mag – mit dem großen Licht des Erzengels, das in Sie hineinfließt und Sie stärkt. So bauen Sie den Kontakt zum Erzengel durch Ihre eigene geistige Entwicklung auf, durch Ihre Bewusstseinsöffnung für höhere Erkenntnisse und Ihre konkrete Bereitschaft, sie zum Wohle aller in Ihr Leben einzubringen. Es ist, als ob es zunächst Ihres kleinen Funkens bedürfe, ehe die große Flamme wirken kann.

Aufgaben der Erzengel in der neuen Zeit

Die Erzengel haben für das Jahr 2012 und darüber hinaus, etwa für die nächsten Jahre bis 2020, wichtige Aufgaben für die kollektive Entwicklung der Menschheit. Abhängig von der menschlichen Entwicklung können die Erzengel danach noch mehr und gezielter in die geistige Umsetzung auf dieser Erde eingreifen. Erzengel strahlen vor allem besondere Qualitäten aus – zum Beispiel Michael Mut und Entschlossenheit, Samael Ausdauer und Konsequenz, Anael Kreativität und Befreiung. Mit diesen Qualitäten stärken sie in den vor uns liegenden Jahren die Menschen, um die notwendigen persönlichen Entwicklungsschritte anzustoßen und zu fördern. Neun dieser Schritte beschreibe ich in diesem Buch. Aber sie wirken auch direkt auf die weltliche Ebene von Menschheit und Gesellschaft ein, um die notwendigen kollektiven Veränderungen zu begleiten und zu stärken. Denn es gibt auch kollektive Entwicklungsschritte der Menschheit – und wir sind inmitten dieser bedeutenden Zeit.

Beispiele für Veränderungen,
auf die Erzengel Einfluss haben:

1. Leid um uns herum und sogar in fremden Ländern, das wir heute bewusster wahrnehmen als noch vor fünfzig Jahren, löst bei sehr vielen Menschen die Eigenschaft der Hilfsbereitschaft aus. Die Qualitäten der Erzengel überlappen sich zwar, aber in der Hilfsbereitschaft können wir auf Anhieb sowohl den Mut zur Tat von Michael erkennen wie auch das heilsame Mitgefühl von Raphael.

2. Die Entfaltung von mehr Licht findet heutzutage nicht mehr allein bei Mystikern und Heilern statt, sondern auch bei vielen Menschen, unbesehen ihrer religiösen oder konfessionellen Haltung oder therapeutischen Tätigkeit. Das hat dazu geführt, dass diese Kreise von Fundamentalisten oder Atheisten, von Materiegläubigen oder krassen Rationalisten gerne in ein gesellschaftliches Abseits gedrängt werden. Man nennt Menschen, die Engelkontakte haben oder sich dafür interessieren, dann abschätzig Esoteriker oder Spinner, naive Leichtgläubige oder an Wahnvorstellungen Leidende. Das fordert diese Menschen geradezu heraus, eine neue Form der Weisheit zu entwickeln. Weisheit im Umgang mit Kritik, auch mit unberechtigter oder feindseliger Kritik. Weisheit im Umgang mit Kommunikation über geistige Phänomene. Hier spielen die Qualitäten von Gabriel als Künder der Zukunft und von Anael als Hüter einer harmonischen Gelassenheit eine wichtige Rolle für die kollektive Bewusstseinsentwicklung.

3. Die bisherige persönliche und oft auch gesellschaftliche Dunkelheit der Menschheit (Kriege, Hungersnöte, Ausbeutung und so fort) wird vielen Lichtarbeitern bzw. Energie- oder Bewusstseinsarbeitern in dieser Übergangszeit zum neuen Zeitalter manchmal fast schmerzlich bewusst. Eine unserer Aufgaben besteht darin, uns nicht auf Kritik, Beurteilung oder Verurteilung an der Dunkelheit und deren Ursachen einzulassen. Dadurch verschwenden wir noch mehr Energie. Mit derartigen Reaktionen auf Dunkelheit blockierten wir uns selbst und würden der Menschheit keinen Dienst erweisen. Stattdessen können und sollen wir uns zum Wohle der weiteren Entwicklung der Menschheit auf das Licht fokussieren, um Licht in uns und in der Gesellschaft zu stärken. Hier wirken die Erzengel Uriel mit seiner Qualität der Klarheit und Jophiel mit seiner Kraft des Gottvertrauens auf besondere Weise.

4. Die Erzengel beeinflussen auch die globale Politik, denn sie bringen neue Einsichten mit sich, die zunächst in einzelnen Menschen und schließlich durch Übertragung im morphischen Feld bei sehr vielen Menschen wirken, bis sie auch von der Politik nicht mehr ignoriert werden können. Bis 2006/2007 galt es beispielsweise als völlig normal in der internationalen Finanzwelt, dass Investmentbanker lediglich kurzfristige Kurssteigerungen im Blick hatten und aufgeblähte angebliche Profite von Kunstprodukten fabrizierten, aufgrund derer sie Millionen-Boni kassierten. Nun erkennt man überall auf der Welt, dass es hier keinesfalls um reale Werte ging, sondern um eine Fata Morgana. Der Kaiser Turbokapitalismus trug keine neuen Kleider, sondern spazierte nackt durch die Welt. Dieser kollektive Sinneswandel in der Wahrnehmung und Bewertung der Gesellschaften hat damit zu tun, dass es im neuen Zeitalter um echte Werte gehen muss und um einen wahren Dienst für

Menschen. Erzengel Uriel mit seiner Reinheit und Erzengel Samael mit seiner Konzentration auf das Wesentliche strahlen in diesem Bereich stark aus.

5. Auf dem Feld der Pädagogik und im sozialen Bereich fordert das neue Zeitalter sehr viel mehr Mitgefühl, Verständnis und Mitmenschlichkeit. Dazu gehören Herausforderungen wie immer mehr Migrantenfamilien und ihre Kinder in die jeweils neue Kultur und Sprache aufzunehmen und mehr als nur rein konfessionell gebundene Religionskunde und Ethikunterweisung anzubieten. Sollten Lehrer früher hauptsächlich Wissen vermitteln, geht es inzwischen um soziale Qualitäten des einigermaßen harmonischen Miteinanders in einer multikulturellen Welt und darum, Methoden zu lernen, wie man lernt. Ich möchte hier Erzengel Zadkiel für Warmherzigkeit und Barmherzigkeit nennen und Erzengel Jophiel für die Besinnung auf zutiefst menschliche Bedürfnisse.

6. Noch einmal zu Wirtschaft und Finanzen. Die Banken haben einen Dienst zu leisten, für den sie auch ordentlich entlohnt werden sollen. Die Wirtschaft ist kein Selbstzweck und auch nicht in erster Linie eine Gelddruckmaschine für Kapitaleigentümer, sondern auch sie hat den Menschen zu dienen. In diesem Bereich wirkt Erzengel Zadkiel, der die Kraft für den rechten Umgang mit den eigenen Mitteln und Fähigkeiten entwickeln hilft, und Erzengel Metatron, der hilft, die eigentlichen Aufgaben zu erkennen, die man auf dieser Erde hat und wie man sie erfüllen kann.

Gott und die Engel

Was ist die Gotteskraft? Was ist die Christuskraft? Wer ist Jesus? Warum betet man zu Erzengeln und nicht gleich zu Gott oder zu Christus? Diese gewichtigen Fragen, die sich ganz selbstverständlich bei der Beschäftigung mit Engeln und Erzengeln stellen, möchte ich nicht theologisch oder akademisch beantworten, sondern auf eine sehr persönliche Weise mit der Beschreibung meiner eigenen Gottbegegnungen. Diese Beschreibung kann naturgemäß nicht mehr als einen recht schwachen Abglanz des tatsächlichen inneren Erlebens widerspiegeln. Ich erlebe die göttliche Energie als ein rundes, breites und dabei zutiefst gütiges Licht in Form eines allsehenden Blickes. In diesem Blick liegt eine so hohe und intensive Kraft, dass ein Austausch, wie wir ihn vielleicht kennen, gar nicht möglich ist. Ich kann an dieses göttliche Licht keine Fragen stellen und Antworten von ihm erwarten. Dieses Licht strahlt etwas von Stärke und Selbstverständlichkeit aus, als ob es sagen wollte: Dieses geistige Licht ist die Wahrheit. Es gibt bei mir keinerlei Zweifel, diese Aussage ist völlig stimmig.

Wenn Menschen mir sagen, sie sprächen mit Gott, dann erfahre ich das häufig so, dass sie sich dabei im Dialog mit ihrem höheren Selbst befinden. Begriffe können von Mensch zu Mensch sehr unterschiedlich verwendet und verstanden werden. Manche setzen das höhere Selbst mit Seele gleich. Es klingt zwar schön, wenn wir sagen, wir sprächen mit Gott oder mit Jesus Christus, mit diesem oder jenem Erzengel, aber häufig sind wir einfach offen für Intuition und Inspiration, manchmal vielleicht auch für wunschfromme Phantasien. Solange es dem betreffenden Menschen hilft, was er erlebt oder spürt und wie er das bezeichnet, und so lange daraus keine dogmatische Behauptung wird, ist es recht und gut. Ich kann nur das weitergeben, was ich selbst erfahre und auch seit Jahren immer wieder überprüfe, und was sich in Beratungen und Anleitungen zu eigenen Engelkontakten für andere Menschen seit vielen Jahren bewährt hat.

Begegnungen mit der Christuskraft erlebe ich auf etwas andere Weise. Ich erfahre ein ewiges weißes Licht, das wie ein Lichtstrahl wirkt, der von oben schräg nach unten zum Menschen geht. Darin sehe ich eine weiße menschliche Silhouette. Die Schwingung in dieser Begegnung ist wie eine sehr hohe Kraft, die eine persönliche Brücke zwischen dem einzelnen Menschen und Gott bildet. Während es in der Gottesbegegnung um die Aussage geht, »das Leben ist wahr, das Licht ist wahr«, ist in der Christusbegegnung für mich die Aussage enthalten: »Du schaffst es.« Ich erlebe eine enorm warm-tröstende und tröstliche Kraft, die nicht auf die Ganzheit gerichtet ist, sondern den einzelnen Menschen ganz persönlich meint.

Jesus als Mensch hat tatsächlich gelebt. Seine Kraft lebt als Licht der ewigen Hoffnung im Herzen aller Menschen weiter. Jesus als Mensch erschien, um die Menschen an die Erlösung im Licht zu erinnern. Jesus als geistiges Wesen hat jedoch keine individuelle Seele wie wir Menschen, sondern ist als Gottessohn und als Träger der Christuskraft eben dieses tröstliche göttliche Licht.

Die göttliche Wirkung – man kann ja nicht von einer Aufgabe sprechen, denn die müsste eine höhere oder innere Instanz erteilen, und was gibt es Höheres als das Göttliche? – besteht darin zu erschaffen, Aufgaben zu stellen und zu dirigieren. Die Aufgabe der Erzengel ist es nun, den Sinn und die Aufgaben der Schöpfung zu überbringen sowie zu helfen, die dazu notwendigen Qualitäten zu entwickeln und auf die weiteren Entwicklungschancen hinzuweisen.

Es ist vielleicht wie bei einem Orchester. Das Göttliche ist Komponist und Dirigent zugleich. Die Erzengel sind die meisterhaften Musiker, welche die Idee, den Geist, die Harmonien und Melodien verkünden. Wir Menschen sind die ZuhörerInnen, die sich von der Musik aus Himmelssphären berühren und inspirieren lassen. Unsere Schutzengel sind in diesem Bild vielleicht so etwas wie Begleiter im Alltagsleben, die uns bei passender Gelegenheit an das schöne Konzert und die Offenheit des Herzens und Schönheit der Seele, wie wir sie dort erlebt haben, freundschaftlich erinnern.

Hermetische Prinzipien und Erzengel

Die sieben hermetischen Prinzipien sind Einsichten der Antike in die Ordnung der Welt und Bausteine zum menschlichen Frieden, die auch im neuen Zeitalter Gültigkeit besitzen. Über die Verinnerlichung und Verwirklichung dieser Prinzipien gelangt der Mensch zur Wahrheit.

Der Begriff hermetisch geht auf den großen Eingeweihten und Menschheitslehrer *Hermes Trismegistos* zurück der »dreifach Großer« genannt wurde. Manche sehen in Hermes Trismegistos die Inkarnation des Götterboten und griechisch-römischen Gottes Hermes-Merkur. Andere betrachten ihn als einen griechisch-ägyptischen Weisheitslehrer. Die nach ihm benannten Prinzipien sind auf alle Fälle eine wunderbare Hilfe, um die spirituelle Persönlichkeitsentwicklung klar und bewusst voranzubringen. Sie werden von sieben Erzengeln vertreten bzw. verkörpert; man könnte auch sagen, sie werden von ihnen gefördert.

Die sieben Prinzipien sind:

1. Polarität. Das Urerleben des vermeintlichen Gegensatzes von Geist und Stoff, das unser menschliches Leben kennzeichnet. Aufgelöst wird es im Gleichgewicht zwischen Fülle und Leere, Freude und Leid, Liebe und Angst. Dieses Prinzip vertritt der Erzengel Michael.

2. Schwingung. »Panta rhei,« alles fließt. Alles bewegt sich. Es geht darum, in den göttlichen Frieden so einzutauchen, dass Heilkräfte, mit denen wir über unsere Lebenserfahrung verbunden sind, ins Fließen kommen. Dieses Prinzip vertritt der Erzengel Raphael.

3. Geistigkeit. Das All ist Geist, das gesamte Universum ist geistiger Natur, alles ist Ausdruck einer geistigen Schöpfung. Das lässt sich jedoch nur über die Erfahrung einer All-Liebe erfassen. Dieses Prinzip vertritt der Erzengel Gabriel.

4. Entsprechung. »Wie oben, so unten.« Der Mikrokosmos ist ein Abbild des Makrokosmos und umgekehrt. Das Göttliche lässt sich sowohl im Kleinsten wie im Größten erfahren. Dieses Prinzip vertritt der Erzengel Samael.

5. Ursache und Wirkung. »Was du säest, das wirst du ernten.« Die Naturwissenschaft weiß: Jede Aktion ruft eine Reaktion hervor. In Fernost spricht man vom Gesetz des Karmas. Dieses Prinzip vertritt der Erzengel Uriel.

6. Geschlechtlichkeit. Männliche und weibliche Prinzipien offenbaren sich auf allen Ebenen. Es geht darum, in sich selbst

eine Vereinigung dieser zueinander gehörenden Aspekte zu verwirklichen. Dieses Prinzip vertritt der Erzengel Anael.

7. Rhythmus. Spürbar wird dieses kosmische Prinzip beim Ein- und Ausatmen und bei den Gezeiten von Ebbe und Flut. Es ist wie der Pendelschlag einer ewigen Lebensuhr. Dieses Prinzip vertritt der Erzengel Zachariel.

Die drei Hauptgruppen von Engeln

Die folgende Unterteilung dient der Orientierung. Sie ist keine dogmatische Festlegung. Die Begriffe »höhere« oder »mittlere« Gruppe sind nicht wertend gemeint. Es gibt einfach keine wirklich geeigneten Sprachformen und Bilder, um zu vermeiden, dass es so klingt, als ob damit besser oder schlechter, wertvoller oder geringwertiger gemeint wäre. Das ist es jedoch nie und in keinem Fall! Ich bitte, dies beim Lesen stets zu bedenken.

Es gibt nach meiner Erfahrung eine rein göttliche Ebene und drei Hauptgruppen von Engeln – die man, wenn man mag, auch Hierarchien nennen kann –, mit jeweils drei Untergruppen. Diese drei Hauptgruppen mit ihren Untergruppen unterscheiden sich nach ihren Aufgaben; sie sind nicht besser oder schlechter.

Die erste und höchste Engelgruppe hat die Aufgabe, das Wissen der Schöpfung zu bewahren, indem sie das Unreine und Schwere verbrennt (Seraphim), indem sie die Weisheit der

Schöpfung erhält (Cherubim) und indem sie das Gleichgewicht der Kräfte, auch in Geburt und Tod aufrechterhält (Throne). Sie hält sich nur in den Himmeln auf. Das sind rein geistige Dimensionen, nicht etwa physikalische Räume. Man könnte sagen, dass sie das unmittelbare Umfeld der Schöpferkraft bildet, deren Schöpfungsweisheit sie einerseits erhält, andererseits eben dadurch verherrlicht. Zu dieser Gruppe zählen auch Engel, die noch darauf warten, eine bestimmte Aufgabe zugewiesen zu bekommen. Diese erste Engelgruppe hat keinen direkten Bezug zur Erde und zu einzelnen Menschen. Die Erzengel nehmen eine Sonderstellung ein, auf die ich später noch eingehe.

Die zweite und mittlere Engelgruppe sorgt dafür, dass das göttliche Wissen so aufbereitet wird, dass es Menschen mit ihren Auffassungs- und Verständnismöglichkeiten überhaupt zugänglich wird. Diese Engel besingen die göttliche Schöpfung, und sie bringen göttliche und irdische Kräfte zueinander in Bewegung. Sie inspirieren die Erde, zum Beispiel über Kunst und Kreativität. Diese Engel haben auch die Aufgabe, die Harmonie in der gesamten Schöpfung zu bewahren, indem sie das Leid aufnehmen, das von der Erde aufsteigt, und es über lange Zeit hindurch mit göttlicher Kraft erfüllen und umwandeln. Gerade solche zu neuem Licht und Sinn umgewandelten Leiderfahrungen stärken die weiblichen Kräfte auf der Erde und zeigen sich in der pädagogischen Arbeit für die neue Zeit. Sie sind in einer Bewusstseinsdimension des Lichtes und der Freude, in der eine Vorbereitung für Aufgaben auf der Erde stattfinden.

Zur dritten Gruppe zählen die Engel, welche den Menschen am nächsten stehen, zum Beispiel Schutzengel, Heilkraftengel und Familienengel. Die Aufgabe der Engel dieser dritten Gruppe ist es, den Menschen aktiv bei seiner Seelenentwicklung und seiner persönlichen Entfaltung sowie bei der Erfüllung seiner Aufgaben zu unterstützen.

Zu dieser dritten Gruppe gehören auch hohe Engelwesen, welche die Energie der ersten und zweiten Gruppe aufnehmen und auf der Erde in einer Form ausstrahlen und verteilen, obwohl sie in der Regel keinen direkten Kontakt zu einzelnen Menschen pflegen. Die sogenannten Kristallengel gehören auch zu dieser dritten Gruppe, denn sie haben die Aufgabe, in unserer Zeit jetzt die Evolution voranzutreiben, auch im Kontakt zu einzelnen Menschen. Erzengel sind insofern eine Ausnahme, als sie auf jeder Ebene der drei erwähnten Gruppen Aufgaben übernehmen können. Sie helfen dem Menschen auch direkt.

Engelgestalten können sich im Verlaufe der Jahrhunderte durchaus ändern, da sie göttliche Energie sind, nicht feste Körperformen. Engel zeigen sich auf die Weise, die wir am besten erfassen können. Verschiedene Menschen sehen denselben Engel womöglich in einer anderen Gestalt. Deshalb sollte man die Gestalt, die Symbole, die Farben und die weiteren Beschreibungen zu den Erzengeln, die ich im Verlauf dieses Buches anbiete, nicht als dogmatisch feststehend betrachten – ebenso wenig wie die Mitteilungen anderer Autor(innen)! Ein Mensch empfindet einen bestimmten Engel als weiblich, ein anderer Mensch denselben Engel vielleicht als männlich. Ein Grund dafür könnte darin liegen, dass der erste mehr seine Weiblichkeit entwickeln sollte, der zweite eher seine männliche Seite. Wer Engel selbst sieht, wird auf verkitschte Engeldarstellungen gern verzichten wollen.

3. Die neun Erzengel und
die neun Entwicklungsschritte des Menschen

Neun Erzengel sind Wegweiser für neun Stufen oder Schritte der Entwicklung von Persönlichkeit und Spiritualität. Ein Hinweis vorab für jene Leser(innen) des ENGELmagazins, die wissen, dass ich Tagesbotschaften der Erzengel für jeden Wochentag übermittle: Die Reihenfolge, wie die Erzengel dort auftauchen, entspricht ihrer Bedeutung für jeweils einen Wochentag. Michael gibt für den Sonntag, Gabriel für den Montag, Samael für den Dienstag, Raphael für den Mittwoch, Zachariel für den Donnerstag, Anael für den Freitag und Uriel für den Samstag Botschaften an die Menschen. Nachfolgend geht es jedoch nicht um die Wochentage, sondern um neun Entwicklungsschritte, und deshalb ist eine andere Reihenfolge zu berücksichtigen.

Es gibt neun entscheidende Entwicklungsschritte für jeden Menschen, um zur Erfüllung zu finden, um seinen Lebensplan zu erkennen und zu verwirklichen. Im Mittelpunkt der ersten fünf Schritte steht eine wesentliche Lebensfrage, die wir beantworten und erfüllen müssen, damit wir stabil genug sind, um den nächsten Entwicklungsschritt mit ruhiger Kraft vollziehen zu können. Beim sechsten bis zum neunten Entwicklungsschritt dreht es sich um jene Eigenschaften, die wir in uns weiterentwickeln sollten.

Gerade während unseres Übergangs in ein neues Zeitalter spielen diese neun Schritte eine entscheidende Rolle sowohl für den einzelnen Menschen als auch für die Gemeinschaft.

1. Entwicklungsschritt Lebensmut; Kraft zur Vergangenheits-
bewältigung
Erste Lebensfrage: Woran will ich glauben?
Anstoß und Hilfe durch Erzengel Michael

2. Entwicklungsschritt: Aus Erfahrung lernen, um mich be-
wusst zu formen
Zweite Lebensfrage: Wie will ich wirklich sein?
Anstoß und Hilfe durch Erzengel Zachariel

3. Entwicklungsschritt: Schönheit erkennen und schätzen,
eigene Anmut leben
Dritte Lebensfrage: Kann ich mich selbst lieben?
Anstoß und Hilfe durch Erzengel Anael

4. Entwicklungsschritt: Lebensbejahung; Heilkraft
Vierte Lebensfrage: Ist mein Verhalten heilsam?
Anstoß und Hilfe durch Erzengel Raphael

5. Entwicklungsschritt: Hoffnung und Ausdauer entwickeln,
um innere Widerstände aufzulösen
Fünfte Lebensfrage: Was lehne ich in mir ab?
Anstoß und Hilfe durch Erzengel Samael

6. Entwicklungsschritt: Klarheit und Reinheit in mir selbst
entfalten
Stärkung der Eigenschaft: Wahre Individualität
Anstoß und Hilfe durch Erzengel Uriel

7. Entwicklungsschritt: Den Horizont erweitern; offen werden
für die persönliche Zukunft

Stärkung der Eigenschaft: Inspiration, Vision
Anstoß und Hilfe durch Erzengel Gabriel

8. Entwicklungsschritt: Als Persönlichkeit authentisch und zugleich emotional stabil sein
Stärkung der Eigenschaft: Freiheit
Anstoß und Hilfe durch Erzengel Sandalphon

9. Entwicklungsschritt: Bewusste Gestaltung des eigenen Lebens
Stärkung der Eigenschaft: Verwirklichung des individuellen Lebensplans
Anstoß und Hilfe durch Erzengel Metatron

Die Einsicht in die Notwendigkeit dieser neun Entwicklungsschritte hat sich im Verlauf der Jahre entwickelt, als ich zunächst die Engelgegenwart erst spürte und die Engel dann später bewusst sehen und mit ihnen sprechen konnte. Das neue Zeitalter mit seinen zum Teil tiefgreifenden Umbrüchen fordert von den meisten von uns eine ungeahnte Flexibilität, eine Fähigkeit, sich umzustellen, anzupassen und Neues zu entwickeln.

Um aus dem alten Trott herauszugelangen – und das ist dringend nötig, wenn wir nicht äußerlich und innerlich, materiell und spirituell steckenbleiben wollen – müssen wir oft unser ganzes Leben um 180 Grad drehen und uns völlig neu orientieren, auf alte Werte und neue Ziele hin. Mit den neun Entwicklungsschritten befinden wir uns auf dem richtigen Weg.

Wenn Sie diese Entwicklungsschritte in einigen Wochen, Monaten oder Jahren durchlaufen haben, bedeutet das natürlich nicht, dass Sie damit Ihre gesamten Entwicklungsaufgaben abhaken können. Wir sind und werden nicht vollkommen, solange wir leben. Die fünf Lebensfragen und vier Eigenschaften tauchen immer wieder auf eine andere, subtilere Art und Weise auf und wollen erneut bearbeitet werden.

Ich empfehle, sich diese Fragen bei Bedarf immer wieder einmal zu stellen. Nehmen Sie eine oder zwei davon ruhig mit in den Urlaub.

Kontaktaufnahme mit den Erzengeln

Das Wichtigste bei der Kontaktaufnahme ist es, dass Sie die Qualität des jeweiligen Erzengels in sich selbst authentisch spüren. In jedem Menschen sind diese Kräfte potenziell angelegt. Wir müssen sie aber meistens erst einmal bewusst wahrnehmen und aktivieren.

Wenn wir die entsprechende Qualität bzw. Eigenschaft oder Kraft in uns spüren, auch wenn es zuerst nur ganz zart ist, dann können wir uns innerlich, in Gedanken und im Gefühl, an diesen Erzengel wenden. Wir können um einen Impuls bitten, wie wir die nächsten Schritte setzen und wie wir am besten unser Leben gestalten sollen.

Es ist ungewohnt, aber es stimmt: Wenn wir die Eigenschaft in uns entdecken und entwickeln, die ein bestimmter Erzengel in hoher und reiner Form ausstrahlt, bekommen wir dadurch eine Verbindung zu dieser Erzengelkraft. Und dann können wir uns mit einer Frage oder Bitte vertrauensvoll in diese Schwingung hineinbegeben und uns für eine Antwort öffnen, die sich als Energieimpuls, als ein deutliches, fast visionäres

Gefühl oder als ein klarer, zweifelsfreier Gedanke äußern kann. Die Verbindung ist tatsächlich einfach, obwohl das häufig schwer begreiflich erscheint.

Übrigens: Wenn Menschen auftreten, die plötzlich in den Himmel blicken oder die Hand ans Ohr legen und mitteilen, jetzt sei Erzengel XYZ da und würde dies oder jenes mitteilen, so halte ich das für eine vielleicht nette Show – Erzengel habe ich bei diesen Gelegenheiten aber noch nie erlebt.

Bei der Kontaktaufnahme ist es unbedingt erforderlich, klar zu prüfen, ob Impulse und Botschaften aus der lichten geistigen Welt kommen, ob sie von Erzengeln ausgehen, von anderen Lichtwesen – oder ob sie aus bestimmten Schichten des persönlichen Bewusstseins stammen, zum Beispiel aus Projektionen, Visualisationen oder aus dem höheren Selbst. Intuition kann eine Brücke zum Empfangen von authentischen geistigen Botschaften bauen. Aber intuitive Bilder und Ideen sind nicht mit Engelbotschaften gleichzusetzen. Eine gute Möglichkeit zur Überprüfung sind die drei Herzensregeln. Ich empfehle sie meinen Kursteilnehmern, die noch keine Engel sehen können, aber doch sicher sein möchten, ob sie Engelbotschaften empfangen oder Impulse aus dem eigenen Bewusstsein.

Drei Herzensregeln

1. Freier Atemfluss. Fließt Ihr Atem frei, natürlich und harmonisch? Fließt Ihr Atem tief in den Bauch hinein und aus dem Bauchraum wieder heraus? Wenn das der Fall ist, so haben Sie ein erstes wichtiges Signal, dass die Impulse oder Botschaften, die Sie erhalten, stimmig sind und auch wirklich aus der lichten geistigen Welt stammen.

2. Herzenslächeln. Wenn Sie im Brustraum ein warmes, weiches und weites Gefühl spüren, wenn Sie sozusagen aus dem Herzen lächeln können, ist dies ein zweites wichtiges Anzeichen dafür, dass Sie tatsächlich mit der Quelle von Licht verbunden sind.

3. Glaube an das Gute. Wenn Ihr Kopf frei ist und Sie sich vom Glauben an das Gute erfüllt spüren, dann erfahren Sie wirklich die Wahrheit aus der Ebene der Erzengel.

Nach meiner Erfahrung müssen alle drei Aspekte vorhanden sein, um sicherzugehen, dass man in einer echten Verbindung mit den Erzengeln steht. Diese Selbstüberprüfung mit ihren drei Aspekten gilt für alle Kontakte mit Lichtwesen, Elementarwesen und geistigen Wesen. Nicht selten werden Impulse des höheren Selbst mit Engelbotschaften verwechselt. Der Unterschied ist klar: Das höhere Selbst ist eine innere Instanz des eigenen Bewusstseins. Echte Engelbotschaften kommen von real existierenden Lichtwesen, die einen göttlichen Auftrag erfüllen.

Heilkräfte der Erzengel

In meinem Buch *Heilung mit der Kraft der Engel* finden Sie viel Wissenswertes über Heilung mit Engelkräften. Da Heilung ein unerschöpfliches Thema ist und sich unter dem Blickpunkt eines neuen Zeitalters auch ganz neue Fragen stellen, widme ich mich der Heilung in diesem Buch unter einem anderen Aspekt noch einmal.

Jeder der sieben Haupt-Erzengel steht auch für einen bestimmten Chakraraum, für bestimmte Organe sowie für Wochentage. Daraus ergeben sich ihre unterschiedlichen Heilkräfte. An den Wochentagen wirken die Heilkräfte der jeweiligen Erzengel besonders stark. Das ist keine Laune des Kosmos, sondern liegt daran, dass der Mensch – wenn er sich nach dem natürlichen Rhythmus an diesen Tagen jeweils auf einen Themenkreis besonders konzentriert – damit für die entsprechenden Kräfte aus dem Kosmos offener ist als an den anderen Tagen.

Auch über bestimmte Chakras wirken die jeweiligen Heilkräfte der Erzengel mehr als über die anderen. Da wir durch die Chakras mit allen Ebenen der Schöpfung und der Himmel verbunden sind und die Erzengel als einzige Engel ebenfalls auf allen Ebenen wirken, sind sie gewissermaßen die Hüter und Führer und Kraftgeber der entsprechenden Energiezentren im Menschen. Die Organe stehen jeweils in direkter Verbindung zu bestimmten Chakras als Leitzentren, und so wirken die entsprechenden Erzengel auch für bestimmte Organe und Körpersysteme auf jeweils eigene Art. Die Kräfte der Erzengel stehen jedem Menschen immer zur Verfügung. Voraussetzung dafür ist die Verbindung mit den Erzengeln aus einer inneren Wahrhaftigkeit heraus. Das bedeutet, sich ganz zu öffnen und konsequent die Stärken und Qualitäten in sich selbst zu erspüren, zu denen uns die Erzengel führen wollen – sobald wir die Echtheit des Kontakts mit Hilfe der drei Herzensregeln überprüft haben. Die innere Verbindung mit den Engelebenen ist deshalb so wichtig, weil wir nur so auch die Verbindung mit dem heilsamen göttlichen Licht erhalten. Und diese Lichtschwingungen sind es letztlich, die uns Heilkräfte übermitteln.

Den neun Entwicklungsschritten sind spezielle Heileigenschaften der neun erwähnten Erzengel zugeordnet.

1. Erzengel Michael stärkt die Urkräfte des Menschen, indem er neuen Lebensmut übermittelt. Er wirkt vor allem über das Blut.

2. Erzengel Zachariel fördert die Beweglichkeit von Körper und Geist, vor allem über den Bewegungsapparat. Er stärkt Einsicht und Kraft, das Leben als andauernde Bewegung zu erfahren.

3. Erzengel Anael hilft, unser Nervenkostüm zu beruhigen und zu stabilisieren, indem er uns ursprüngliche Schönheit wieder erleben lässt; er wirkt über das Gehirn und die Nerven.

4. Erzengel Raphael ist bekanntlich der Heilengel schlechthin; einen besonderen Ausdruck findet seine Kraft über die Atmungsorgane, die einen Heilfluss für den ganzen Körper in Gang bringen.

5. Erzengel Samael gibt neue Hoffnung und damit mehr Lebenskraft; er wirkt vor allem über das Hormonsystem. Durch Anregung des Hormonsystems kommt es zu neuer Lebensfreude.

6. Erzengel Uriel regt mit seiner Klarheit den Lichtfluss im Körper an – wir haben es hier mit reinem geistigem Licht zu tun. Geistiges Licht löst energetische Blockaden im Körper auf, die zu Beschwerden führen können.

7. Erzengel Gabriel mit seiner visionären Zukunftsschau hilft uns, bisherige Erfahrungen im Leben zu »verdauen«, um für Neues offen zu sein. Er wirkt über den Stoffwechsel und die Verdauungsorgane.

8. Erzengel Sandalphon hilft, Lebensängste aufzulösen, indem er die Manifestation der wahren Persönlichkeit stärkt.

9. Erzengel Metatron stärkt die Erkenntnis vom eigenen Lebenssinn. Das ist auf ganzheitliche Weise sehr heilend.

Auf den folgenden Seiten beschreibe ich die wichtigsten Eigenschaften und Aufgaben dieser Erzengel, nenne Entwicklungsfragen, die der jeweilige Erzengel an uns richtet, und stelle entsprechende Übungen bzw. Meditationen vor.

Was uns die neun Erzengel
der neun Entwicklungsschritte lehren

Es lohnt sich, den folgenden Entwicklungsprozess aus neun Schritten immer wieder zu vollziehen und sich an seine Lebensaufgabe zu erinnern. So leben wir zunehmend die eigene individuelle Persönlichkeit aus und werden in unserer Lebensaufgabe immer erfolgreicher. Durch die bewusste Beschäftigung mit den neun Entwicklungsschritten verwirklichen wir unseren persönlichen Weg immer deutlicher und lassen uns weniger oft und stark in die Rolle von fremden Erwartungen drängen, wie Erwartungen der Eltern, des Partners oder der Mitmenschen.

Es ist möglich, dass sich Ihre berufliche und/oder private Situation im Verlauf der Auseinandersetzung mit diesen neun Schritten verändert. Sie lassen das los, was Sie nicht mehr brauchen – weil es nicht mehr das Ihre ist –, und andere Menschen kommen plötzlich viel besser mit Ihnen zurecht wie auch Sie mit ihnen, weil Sie mit sich selbst zurechtkommen!

ERZENGEL MICHAEL

Der erste Schritt: Woran will ich glauben?
Entsprechungen: Sonntag – Wurzelchakra – Blut

Erzengel Michael wird in den drei großen Ein-Gott-Religionen (Judentum, Christentum, Islam) als einer der wichtigsten oder als der wichtigste Engel angesehen. Sein Name bedeutet »Der wie Gott ist«. Er steht für Rechtschaffenheit, Barmherzigkeit und Heiligung, aber auch als Gerichts- und Racheengel. Manche Forscher teilen mit (so *Gustav Davidson*), dass Michael sich aus einem gottähnlichen Wesen, das die Chaldäer angebetet haben, zum uns heute bekannten Engelfürsten entwickelt habe.

Bei Erzengel Michael geht es darum, welche Moralvorstellungen nicht mehr stimmen, welche traditionellen und dabei oft unbewussten Einstellungen und Sitten die Persönlichkeit dogmatisch einengen und einseitig machen. Positiv gesprochen, geht es um Befreiung zu einem angstfreien Sein, um die Öffnung für eine Liebe, die klar und kraftvoll ist, und sich in Gott und der Schöpfung geborgen weiß.

Erzengel Michael wurde früher meist mit einem feurigen Lichtschwert als Symbol des Christuskreuzes oder mit einer Lanze als Symbol der Herrschaft Christi dargestellt. Er wirkte entschlossen, klar, kämpferisch. Oft sieht man auch Darstellungen von Michael (oder seinem nächsten irdischen »Verwandten«, dem heiligen Georg) mit einem Drachen, den er gerade besiegt hat: ein Bild dafür, wie spirituelle Erkenntnis über Angst siegen kann. Der Erzengel Michael ist früher oft Menschen erschienen, zum Beispiel am Monte Gargano in Süditalien oder am Mont St. Michel vor der französischen Atlantikküste.

Ich erlebe Michael so, dass er sich nicht (mehr) sehr in der Nähe des Menschen aufhält, sondern eher weit entfernt, in lichten Himmeln. Ich sehe ihn in einem roten Gewand, das an einen Vulkan erinnert. Er hat ein gütiges, weiß strahlendes und zugleich ernstes Gesicht.

Die unterschiedlichen Ausdrucksformen, wie Menschen Engel und Erzengel erleben, führe ich auf die Entwicklung der Menschheit zurück, für die nicht mehr der kriegerische Kampf im Hier und Jetzt, sondern vielmehr die Inspiration zur Tatkraft und zum Lebensmut durch die Verbindung mit einer himmlischen Kraftquelle wesentlich ist.

Die wichtigste Aufgabe des Erzengels Michael aus menschlicher Sicht ist es, uns dabei zu helfen, Angst zu überwinden bzw. loszulassen, und uns für die immer existierende Verbindung mit Gott bewusst zu öffnen.

Erzengel Michael hilft, die Vergangenheit zu bewältigen und loszulassen, indem wir zur Ruhe kommen und Furchtlosigkeit im Vertrauen auf göttliche Führung und im immer deutlicheren Erleben des Aufgehobenseins in Gott erfahren dürfen.

Der Sonntag ist der Michaels-Tag. Deshalb sollten wir an Sonntagen besonders großen Wert auf Ruhe und Muße legen. So schaffen wir die Voraussetzung, um tiefere Erkenntnisse über unser Leben und unseren Lebenssinn gewinnen zu können.

Erzengel Michael ist auch für das Blut und seine Kraft und Aufgaben zuständig. Ruhe und Muße wirken zudem auf das Wurzelchakra, von wo aus der Lebensmut gestärkt wird. Auf

diese Weise wird das lebensnotwendige Blut mit neuen ener-
giereichen himmlischen Kräften gestärkt. Damit wird der
Mensch noch mehr zu einer Ganzheit, weil in seinem irdischen Blut höhere Energien mitschwingen.

STICHWORTE ZU THEMEN

Das nur kurze »Antippen« von Themen durch Stichworte
möchte Sie dazu einladen und auffordern, selbst assoziativ
tätig zu werden! Die Themen und Fragen können uns helfen,
deutlicher zu erkennen, welche ungelösten Themen in uns stecken. Die Art der ersten Bewusstmachung oder der vertieften
Beschäftigung hilft wiederum, überholtes Altes und Einen-
gendes loszulassen und sich dem Wesentlichen zuzuwenden,
das unser Leben jetzt voranbringt.

- Fegefeuer = Verbrennung des Schmerzes zum Loslassen des
  Alten
- Prägungen = Unterbewusstsein; Erziehung; Karma; Be-
  wusstsein
- Höheres Selbst = Lebenssinn als Erfahrung
- Kraft zum Glauben = in uns und immer vorhanden
- Dauerhafte Liebesschwingung = dem anderen Menschen
  vertrauen
- Bedeutung der Erfahrung der Angst = lernen loszulassen
- Sinn der menschlichen Inkarnation = weil wir nur so die
  Polaritäten kennenlernen und erkennen, wie schön jedes
  einzelne Wesen ist
- Werde ich die Einheit in mir je erreichen? = alles, was Sie
  wirklich wollen, kann geschehen
- Loslassen = atmen aus dem Bauch heraus
- Loslassen = Karma ist aus der Sicht des Erzengels Michael
  nicht endgültig!

- *Wie kann ich mein Leben verändern?*
Indem du dich auf dich besinnst.
- *Was gibt es loszulassen und wozu?*
Alle Gefühle sind loszulassen, die dich vom lichten Weg abbringen.
- *Wie kann ich trotz Unruhe in meinem Umfeld im Licht bleiben?*
Indem du die Resonanz darauf verlierst bzw. loslässt (siehe auch Schutzengelmeditation mit der inneren Haltung (in meinem Buch *Heilung mit der Kraft der Engel*). Anstatt zum Beispiel von Familie, Kollegen oder anderen Menschen genervt zu sein, fragen: Was kann ich für dich tun?
- *Wie kann ich Probleme vermeiden?*
Indem du genau weißt, was du willst. Erinnere dich an die Klarheit des Unter-, Über- und Alltagsbewusstseins. Beherzige die ruhige Bauchatmung.
- *Wie kann ich meine Selbstliebe stärken?*
Arbeite daran, dass von einer Erfahrung zur nächsten die Liebe überwiegt. Übe die Bauchatmung; bleibe in die Beobachterrolle.

ERZENGEL-MICHAEL-MEDITATION

Vorbereitung: Setzen Sie sich bequem hin. Entspannen Sie Ihren Körper. Atmen Sie mit einem inneren Lächeln.

Sagen Sie innerlich: Ich bin bereit, meine Vergangenheit loszulassen. Ich bin offen für die unerschütterliche Liebe.

Atmen Sie aus dem Bauch heraus und in den Bauch hinein. Spüren Sie die Wärme im Bereich des Brustkorbs.

Besinnen Sie sich auf die Eigenschaften und Schwingungen

des Erzengels Michael und lächeln Sie, innerlich und gern auch äußerlich.

Spüren Sie oder stellen Sie sich vor, wie rot-orangefarbene Lichtfäden an Ihnen herunterfließen. Genießen Sie die wohlige Wärme, die Sie umhüllt. Spüren Sie bzw. stellen Sie sich vor, dass jetzt Erzengel Michael vor Ihnen steht und Sie fragt: Woran willst du glauben?

Erzengel Michael umarmt Sie und gibt Ihnen Sicherheit.

In Ihrer Brust ist so etwas wie ein lichtvolles Fenster. Schauen Sie in dieses Fenster hinein und spüren Sie die Frage des Erzengels. Beobachten Sie das Gefühl, an welches Sie unbewusst glauben: Ist es Enge oder Härte anstatt Liebe?

Entschließen Sie sich nun bewusst, woran Sie glauben wollen. Spüren Sie die Liebe des Erzengels Michael in Ihrem Brustbereich und lassen Sie diese Liebe immer intensiver werden.

Erzengel verbrennen jetzt in Ihrer Aura alles, was alt und belastend ist. Atmen Sie tief und voller Zuversicht.

Erzengel Michael steht bei Ihnen und sagt: In dieser Eigenschaft gehen wir gemeinsam weiter.

Abschluss: Entscheiden Sie sich, dass die jetzt neu erspürten Qualitäten von Liebe und Zuversicht, von Befreiung und Klarheit oder was Erzengel Michael Ihnen sonst vermittelt hat bzw. was Sie von ihm empfangen haben, noch größer und kraftvoller und ruhiger in Ihnen verankert werden.

Spüren Sie im Herzchakra ein lichtvolles Kreuz: Sie atmen tief ein, wobei sich in Ihrer Vorstellung ein Lichtkreuz nach oben hin entfaltet, in den Himmel. Sie atmen aus und nun erstreckt sich das Lichtkreuz tief in die Erde hinein. Mit dem weiteren Atmen entfaltet sich das Kreuz nun nach links bzw.

nach rechts. Es kann auch ein gleichschenkliges Kreuz sein, also mit gleich langen vier Armen.

Danach nehmen Sie einen Lichtkreis wahr, der sich wie ein Schutzkreis um dieses Kreuz legt, das Sie in Ihre Mitte bringt und zugleich mit Himmel, Erde und Welt verbindet.

Kommen Sie dann wieder zu sich, strecken Sie sich und atmen Sie mehrfach tief und ruhig durch.

ERZENGEL ZACHARIEL

Der zweite Schritt: Wie will ich sein?
Entsprechungen: Donnerstag – Solarplexus-Chakra – Bewegungsapparat

Der Name bedeutet »Erinnerung an Gott«. Wir finden auch die Schreibweisen Zacharel, Zacharael und Yahriel sowie als Synonym den Namen Simiel.

Thema dieses Erzengels ist, uns laufend daran zu erinnern, dass wir selbst wählen, ob wir aufgeschlossen und fröhlich sind, ob wir Altes abschließen, bevor wir mit etwas Neuem beginnen. Denn all das bildet eine Grundlage, um selbstbestimmt auf die Frage zu antworten: Wie will ich sein?

Ich erlebe den Erzengel Zachariel in einer hellblauen Gestalt. Er ist etwa so groß wie der Mensch selbst, er steht uns bei allen Plänen und Vorhaben meist nahe zur Seite. Er strahlt etwas aus, woran wir ihn als einen guten Freund spüren und erkennen.

Zachariel mit seinem eher abenteuerlichen Wesen begleitet uns auf unserer Lebensreise. Der Donnerstag ist sein spezieller Tag, weil er uns zwar einerseits gern zu einem neuen Abenteuer ermuntert, andererseits aber dabei helfen möchte, das, was wir angefangen haben, zunächst abzuschließen und fertigzustellen, bevor wir uns einer neuen Sache zuwenden; also die Aufgaben und Ziele, die für diese Woche anstehen.

Zachariel hat mit dem Solarplexus-Chakra zu tun, weil hier das energetische Kraftzentrum im Menschen liegt, von dem aus persönliche Wünsche und Ziele so verfolgt werden, dass sich daraus auch eine überpersönliche Erweiterung unseres geistigen Horizonts ergibt.

Als unser Begleiter auf der Reise durch dieses Leben unterstützt er besonders Muskulatur und Knochen, den sogenannten Bewegungsapparat.

Stichworte zu Themen

- Man kann Altes nur abschließen und mit Neuem beginnen, wenn man dies in Dankbarkeit macht. Erst dann stellen Sie bewusst fest, was Sie wirklich wollen und wozu Sie lieber »nein danke« sagen möchten.
- Heilig sein = heilig ist der, der mit dem zufrieden ist, was er ist. Wir lernen, in Frieden mit dem Leben zu sein.
- Alt ist nicht schlecht, neu ist nicht gut, sondern wir wägen ab, was stimmig ist. Dabei vermeiden wir alle Dogmen.
- Die Engel gehen nicht in Resonanz auf Leid – was nicht heißt, dass sie kein Leid wahrnehmen! Sie sind vielmehr immer in Resonanz auf lichtvolle Impulse im Menschen. Das bedeutet, dass sie wahrnehmen, wo und wie sie gehört und erhört werden mit ihren zarten Anstößen, und dann können sie uns ihren Lichtimpuls entsprechend übermitteln.

Fragen an Erzengel Zachariel und seine Antworten

- *Wie kann ich eine gute Erdung sowohl bei leidvollen Erfahrungen als auch in Momenten der überschäumenden Euphorie bewahren?*

Genieße einfach das Leben. Übe die beruhigende und erdende Bauchatmung. Entwickle gelassene Zufriedenheit durch Dankbarkeit.

- *Welchen Schlüssel gibt es zur Entfaltung der eigenen Individualität und dazu, den individuellen Weg dorthin zu finden?* Deine Handlungen werden immer durch deine Entscheidung für die Liebe oder für die Angst beeinflusst. Darauf basiert das Resonanzprinzip,

ERZENGEL-ZACHARIEL-MEDITATION

Vorbereitung: Setzen Sie sich bequem hin. Entspannen Sie Ihren Körper. Atmen Sie mit einem inneren Lächeln.

Sprechen Sie in Gedanken: Ich möchte Altes abschließen, um mit dem Neuen zu beginnen und frei zu sein.

Sie sehen, fühlen bzw. stellen sich dann vor, dass Zachariel in seinem blauen Licht bei Ihnen steht. Er blickt auf den Horizont, während er Sie auf seine Botschaft vorbereitet. Tanken Sie diese Kraft.

Zachariel lächelt Sie an und fragt Sie: Wie willst du sein?

Lächeln Sie zurück und lassen Sie seine Frage in sich nachwirken. Atmen Sie tief.

Schauen Sie ins Licht am Horizont.

Frage im Herzen: Wie will ich sein?

Beobachten Sie, ob Sie am Horizont eine Farbe sehen, ob ein Bild oder ein Symbol auftaucht oder ob Sie ein bestimmtes Gefühl erleben.

Falls das so ist: Was sagt Ihnen das Bild, die Farbe, das Symbol, das Gefühl?

Denken Sie an die Frage des Erzengels Zachariel: Wie willst du sein? Nehmen Sie Ihre Gefühle dazu achtsam wahr.

Lassen Sie nun das Symbol oder Bild, die Farbe oder das Gefühl – wenn diese lichtvoll sind und sich für Sie gut und stimmig anfühlen in Ihren Brustbereich hineinfließen.

Wie fühlt sich das in Ihrem Brustbereich an? Genießen Sie es. Versuchen Sie auch, das Gefühl in Worte zu fassen, das Sie dabei empfinden.

Sagen Sie zu sich selbst: Ja, das bin ich!

Spüren Sie: Ich liebe mich!

Lassen Sie sich immer tiefer in Ihre Selbstliebe ein.

Spüren Sie erneut: Ja, das bin ich!

Abschluss: Kommen Sie mit einem Herzenslächeln wieder zu sich. Strecken Sie sich und atmen Sie mehrfach tief ein und aus, um wieder ganz im Hier und Jetzt zu sein.

Erzengel Anael

Der dritte Schritt: Kann ich mich selbst wirklich lieben?
Entsprechungen: Freitag – Drittes-Auge-Chakra – Gehirn, Nervensystem

Anael ist einer der sieben Schöpfungsengel. Wir finden ihn auch unter dem Namen Haniel, Hanael, Hamiel und Onoel. Bisweilen wird er auch mit dem Erzengel Ariel gleichgesetzt. Der Name Haniel bedeutet »Herrlichkeit Gottes« bzw. »Gnade Gottes« und auch »der Gott sieht«. Wir dürfen das diesem Erzengel auch dann zuschreiben, wenn er unter dem Namen Anael auftritt.

Erzengel Anael stärkt die Fähigkeit, die Schönheit des Lebens zu erfahren. Er zeigt sich mir in weiblicher Gestalt und meist in einem rosafarbenen Licht. Er öffnet unseren Sinn für ganzheitliche Harmonie, für den Segen und die Schönheit vermeintlich kleiner Dinge – zum Beispiel eine Knospe, die aufgeht, einen schillernden Regentropfen, forschende Kinderaugen, Vogelzwitschern ... Anael wendet uns sein Gesicht zu, streckt uns seine Arme entgegen, lächelt uns an und ist vollständig bereit, ganz und gar an uns zu glauben!

Anael steht für die Qualität der Anmut und für die Erinnerung und den Ruf an uns Menschen: Erkenne deine eigene Schönheit – dann kannst du dich selbst auch wirklich lieben! Anael ist der einzige Erzengel, der sich schon in früheren Jahrhunderten in weiblicher Gestalt gezeigt hat.

Der Freitag als Anaels Tag ist deshalb besonders gut dafür geeignet, dass wir uns um uns selbst mehr kümmern, dass wir uns pflegen, unsere eigene Anmut und Schönheit bewusster wahrnehmen und so mehr in unsere Mitte finden. Anael steht für das dritte Auge, dessen aktiver Gebrauch das Erblicken und Erkennen der Schönheit des Lebens in allen Dimensionen und Formen fördert. Erzengel verstehen übrigens nicht, warum wir Menschen nicht einfach lieben können. Körperlich gesehen hat Anael mit Gehirn und Nerven zu tun und die damit in Verbindung stehenden Eigenschaften von Läuterung und Klärung.

Stichworte zu Themen

- Wir haben zu erkennen, dass wir die Liebe, die wir tatsächlich brauchen, nicht von unseren Eltern bekommen können. Denn die Lebensaufgabe ist, die Liebe durch die innere Anbindung zum Licht in uns selbst zu empfangen.
- Liebe in jeglicher Form heilt alles. Man kann nicht andere lieben, ohne sich selbst zu lieben.

- *Ist Selbstliebe und eigene innere Einheit Teil meines Lebens-sinns?*
  Ja; dieser Lebenssinn ist bereits in dir selbst.
- *Habe ich mir Liebe zu geben oder ist das die Aufgabe der Eltern?*
  Es gibt keine Perfektion und somit auch kein perfektes El-ternhaus im Leben, sonst würden wir keine Erfahrungen im Resonanzprinzip machen können und somit wäre das Le-ben sinnlos. Erst wenn man diese Selbstverantwortung und Selbstannahme zulässt, schafft man die Brücke zu sich selbst und auch zu anderen und wird aus diesem Resonanz-prinzip heraus auch von anderen wertgeschätzt.

Um diesen dritten Entwicklungsschritt deutlich zu machen, beschreibe ich nachfolgend zwei Übungen und eine Seg-nung.

Übung: Der Weg zur Liebe

Üben Sie mehrmals am Tag aus dem Intellekt heraus »Ich liebe mich« zu sagen. Verbinden Sie nach einer Weile diesen Satz mit einem warmen Gefühl im Herzen.

So entwickelt sich nach einiger Zeit Ihr individueller Licht-kanal zu den geistigen Welten. Sie werden feststellen, dass alle Ihre inneren Fragen nur eine Antwort haben können, nämlich Liebe und Selbstliebe!

Immer, wenn Ihre verletzten Muster überwiegen (Wut, Me-lancholie und so fort), verneigen Sie sich vor dem Thema bzw. Problem oder vor dem betreffenden Menschen in Demut. So finden Sie den Weg zur Liebe.

Üben Sie das konsequente Bauchatmen. Es dient der Erdung. So werden Sie ruhiger und klarer und spüren mehr Kraft. Ich empfehle, es fünf bis fünfzehn Minuten am Tag zu üben, bis Sie wirklich gut hineingefunden haben. Im Anschluss können Sie die Übung kürzer halten.

Die Bauchatmung ist einfach: Sie atmen durch die Nase tief, ruhig und gelassen in den Bauch hinein, Sie atmen durch Nase oder Mund ebenso gelassen, ruhig und tief wieder aus.

Sowohl im Berufsleben als auch zu Hause und in der Freizeit können Sie kleine Pausen einlegen, in denen Sie diese Bauchatmung bewusst üben. Sie ist die Widerspiegelung von Selbstliebe.

GEBETE UND SEGNUNGEN

Gebete, die für Sie stimmig sind, helfen ebenfalls, um ruhiger, gelassener und damit auch liebevoller zu werden. Segnen Sie in Gedanken andere Menschen, sich selbst, Situationen, Dinge, das Essen und Trinken … Der Vorgang des bewussten Segnens schafft eine Atmosphäre der Harmonie und Schönheit.

Die Liebe ist durch liebevolle Menschen am leichtesten zu lernen. Umgeben Sie sich mit Menschen, die Ihnen guttun. Wir Menschen lernen das Menschsein von anderen Menschen. Lassen Sie sich öfter umarmen – und umarmen auch Sie andere häufiger. So spüren Sie die Liebe deutlicher, als wenn Sie nur über Liebe sprechen.

ERZENGEL-ANAEL-MEDITATION

Vorbereitung: Setzen Sie sich bequem hin. Entspannen Sie Ihren Körper. Atmen Sie mit einem inneren Lächeln.

Werden Sie sich Ihrer eigenen Schönheit bewusst.

Atmen Sie dreimal tief durch. Sagen Sie innerlich: Ich nehme mich an, denn ich liebe mich.

Spüren Sie oder stellen Sie sich vor, dass Erzengel Anael vor Ihnen schwebt. Von seinen Händen strahlt weiß-rosafarbenes Licht auf Ihr Herzchakra. Er verbindet sich mit Ihrer Liebe.

Spüren Sie die Weichheit und Wärme von Anael in Ihrem Herzchakra. Lassen Sie sich immer mehr von dieser Wärme einhüllen. Atmen Sie tief und harmonisch.

Anael steht mit ausgestreckten Armen vor Ihnen. Er fährt fort, Ihnen weiß-rosafarbenes Licht zu senden. Sie spüren, dass Anael Sie liebt und bewundert. Lassen Sie sich von seiner Energie wiegen und speichern Sie diese Kraft in sich.

Nun fragt Erzengel Anael Sie: Kannst du dich selbst lieben?

Antworten Sie sicheren Herzens einfach: Ja!

Sagen Sie: Ja, ich bin es wert, dass ich mich liebe!

Schenken Sie sich in Ihrer Vorstellung eine liebevolle Umarmung.

Sagen Sie immer wieder und fühlen Sie es immer lebendiger: Ja, ich liebe mich!

Abschluss: Lächeln Sie sich selber an, denn Sie sind tatsächlich wunderbar, so wie Sie sind. Kommen Sie in Dankbarkeit wieder zu sich, ins Hier und Jetzt.

Erzengel Raphael

Der vierte Schritt: Was bewirkt mein Verhalten?
Wem nützt es, wem schadet es?
Entsprechungen: Mittwoch – Scheitelchakra – Atmungsorgane

Sein Name bedeutet »Gott hat geheilt«. Auch der Erzengel Raphael soll aus dem Erbe der chaldäischen Götter- und Himmelswesenswelt entstanden sein und so Eingang ins Judentum sowie ins Christentum gefunden haben. Im Buch Tobit sagt er von sich selbst, dass er »einer der sieben heiligen Engel« sei, die am Throne Gottes dienen.

Heilung ist das entscheidende Thema des Erzengels Raphael. Er steht für die Heilkunst des Himmels, wenn sonst keine Hoffnung mehr zu bestehen scheint, und ist auf die Wahrnehmung der Gegenwart ausgerichtet. Während Michael vor allem mit Vergangenheitsbewältigung zu tun hat und Gabriel mit der Ausrichtung auf die Zukunft, lenkt Raphael unseren Blick auf das Hier und Jetzt. Er begleitet uns Schritt für Schritt auf unserem Lebensweg, wie es im Buch Tobit im Alten Testament dargestellt wird. Dort wandert er mit Tobias durch die Lande, hilft ihm, sein Recht zu erlangen und heilt schließlich Tobit, den blinden greisen Vater des Tobias, bevor er sich als Erzengel zu erkennen gibt.

Auf alten Darstellungen sieht man Raphael fast immer als einen Pilger mit seinem Wanderstab. Die Bilder zeigen ihn bisweilen mit einem Fisch oder einer Wasserflasche in der Hand. Meistens trägt er einen langen grünen Rock. Üblicherweise ordnet man dem Erzengel die Farbe Grün als klassische Heilfarbe zu. Ich nehme diesen Erzengel jedoch mit einem hellvioletten Gewand außen und grünem Licht in seinem Inneren wahr. Heilung bedeutet für uns in der neuen Zeit ja nicht mehr nur, sich einfach passiv hinzulegen und grüne Heilkraft von einem Heiler schicken zu lassen – so heilsam das grüne Licht ist und bleibt! In unserer Zeit sollen und können wir uns selbst mit violettem Licht, mit der Heilkraft der höheren geistigen Ordnung, verbinden und davon erfüllen lassen. So werden die eigenen Selbstheilungskräfte aktiviert. Ich nehme den Erzengel Raphael fast immer in einer betenden Haltung wahr, als ob er das Licht Gottes wie eine Kerze in der Hand hält. Damit erinnert er uns daran, wohin unser Ziel führt. Erzengel Raphael ruht in sich und lächelt uns an.

Die Mitte der Woche, der Mittwoch, ist der Raphaels-Tag. Es gilt, die Kräfte neu zu sammeln und zu ordnen, damit wir nicht unnötig Energie vergeuden und die Woche gefestigt weiter gehen können.

Erzengel Raphael ist mit dem Scheitelchakra verbunden, da man sich erst bewusst für das Göttliche öffnen muss, ehe man reine und hohe Heilkräfte in sich aufnehmen kann. Dieser Erzengel steht auch für die Atmungsorgane, weil man sich durch eine lebensbejahende innere und äußere Haltung ganz dem Jetzt zuwendet, dem Leben in der Gegenwart, und neue, reine Kräfte in das gesamte Körpersystem (Lungen, Sauerstoff für Blut und Zellen und so fort) aufnimmt.

Stichworte zu Themen

- Gegenwart
- Heilung, Christuskraft in mir verbindet sich mit der Christuskraft in dir und heilt dich

- *Kann jeder die kosmische Heilkraft in sich selber erleben?*
  Ja, weil jeder aus dieser Quelle kommt!
- *Was kann ich in mir entwickeln, damit die Heilkräfte noch mehr wirken?*
  Du selbst sein und immer weiter und tiefer ganz du selbst sein.
- *Wie kann ich in meiner lichtvollen Anbindung bleiben?*
  Durch Selbstliebe, Christusbewusstsein und Glauben an das Gute.

ERZENGEL-RAPHAEL-MEDITATION

Vorbereitung: Setzen Sie sich bequem hin. Entspannen Sie Ihren Körper. Atmen Sie mit einem inneren Lächeln.

Sprechen Sie den Satz: Ich bin bereit für meine Heilung. Spüren Sie diesen Satz mit Ihrem ganzen Wesen.

Fühlen Sie oder stellen Sie sich vor, wie violette Lichtkanäle vom Himmel herabfließen und sich in Ihrer Aura entfalten.

Sehen Sie oder stellen Sie sich vor, dass Erzengel Raphael vor Ihnen steht und Sie mit grünem, heilendem Licht einhüllt. Nehmen Sie seine Heilkräfte an und in sich auf.

Lassen Sie sich immer mehr in diese heilsamen Schwingungen hineinfallen und spüren Sie Leichtigkeit und Wärme.

Nun flüstert Erzengel Raphael Ihnen zu: Was bewirke ich? Wem nützt bzw. schadet mein Verhalten?

Mit dieser Frage fließt violettes Licht in Sie hinein.

Spüren Sie, ob etwas Schweres auf Ihrer Brust lastet und welche Erinnerung dahinter stehen mag.

Atmen Sie tief und ruhig und beobachten Sie.

Sehen Sie ein lichtvolles Christuskreuz in Ihrem Herzchakra und sprechen Sie: Ich bin im Frieden mit mir!

Seien Sie demutsvoll und weich. Erzengel Raphael stärkt Sie mit Gnade. Recken Sie sich geistig in Ihrem Licht zum Himmel hinauf und sagen Sie innerlich: Nur das Gute darf durch mich wirken.

Erinnern Sie sich daran, aus welchem reinen Licht Sie stammen, welches Licht Sie auch weiterhin sind und wohin Sie streben. Während Sie das violette Licht einatmen, spüren Sie, wie Sie sich innerlich noch mehr verbinden und wie das grüne Licht Sie über Ihre Aura heilt.

Sehen Sie das strahlende Christuskreuz des Gleichgewichts und lassen Sie sich von innen heraus erleuchten. Spüren Sie Ihre eigene Liebe in der Brust, während um Sie herum ein Lichtkreis entsteht.

Abschluss: Sprechen Sie dreimal: Ich bin im Frieden mit mir selbst. Lächeln Sie und kommen Sie wieder ganz zu sich.

Erzengel Samael

Der fünfte Schritt: Was lehne ich in mir ab?
Entsprechungen: Dienstag – Sakralchakra – Hormonsystem

In allen meinen Beschreibungen lege ich das zugrunde, was ich direkt und unmittelbar selbst erfahren darf und was die Engel mir zeigen bzw. mitteilen. Demnach entspricht der Erzengel Samael, was heutzutage in vielen anderen Büchern als Erzengel *Chamuel* bezeichnet wird. (Samael ist nicht zu verwechseln mit Sammael, einem nach *Gustav Davidsons* Forschungen eher ungeklärten Engelwesen.)

Samael ist manchmal als »Ernst« oder »Strenge« Gottes bezeichnet worden. Man findet auch die Schreibweise *Samiel*, was einen »unsterblichen Engel Gottes« bezeichnet, und *Samuil*, was »der von Gott gehört hat« heißt. Der Name *Chamuel* wird übrigens mit »der Gott sucht« übertragen.

Samael befindet sich in der Nähe des Menschen. Er schwebt einige Meter neben uns, etwas höher als wir selbst. Seine Gestalt hat ungefähr Menschengröße. Ich sehe ihn in einem dunkelvioletten Licht. Mir zeigt er sich mit einem sehr gesammelten Gesichtsausdruck; er scheint immer geradeaus zu schauen. Samael trägt Hoffnung in schwierige Lebensabschnitte. Deshalb sollten wir uns bewusst darauf konzentrieren, den Weg beizubehalten, für den wir uns entschieden haben, auch wenn Schwierigkeiten auftauchen.

Samael hat mit Ausdauer zu tun, woraus sich seine Beziehung zum Sakralchakra ergibt. Erzengel haben keinen direkten Bezug zur Sexualität, die für uns eine überaus starke Kraft auf der Ebene von Körper, Gefühlen und Gedanken ist. Für die Erzengel spielt bei der sexuellen Begegnung die Zeugung eines neuen Körpers für ein neues Leben eine Rolle oder die Erzeugung von Freude als einer frischen Kraft, welche die Partner umhüllt und sie darin bestärkt, ihren Lebensaufgaben voller Zuversicht zu begegnen. Lange Zeit haben religiös, esoterisch oder spirituell orientierte Menschen oft geglaubt, dass Sexualität sie spirituell nicht weiter voranbringe, sondern behindere oder zurückwerfe. Heute lädt uns die geistige Welt dazu ein, in unserer Spiritualität alltagstauglich zu leben, einschließlich Familie, Beziehungen, Kindern und der Freude an Sexualität.

Samael, der die Hoffnung symbolisiert, auch in schwierigen Situationen einen Ausweg zu finden, wirkt auf das Hormonsystem, indem er die Kräfte und Säfte im Fluss hält und ihnen die Kraft gibt, im psychosomatischen System Ausdauer und neuen Schwung zu finden.

- Zielstrebigkeit, die Fähigkeit, einmal beschlossene Vorhaben auch in die Tat umzusetzen.
- Beharrlichkeit, einem eingeschlagenen Weg bis zum Ziel zu folgen.
- Neue Hoffnung in schwierigen Umständen.
- Kindheitsmuster: Als Beispiel ein Kind, das auf dem Bett hüpft. Kinder hüpfen trotz Verboten gerne auf den Betten, weil sie sich dabei frei und froh fühlen. Wenn ein Erwachsener in solch einem Moment hereinkommt, ärgerlich wird und ruft: »Geh sofort runter vom Bett! Wie oft soll ich dir sagen, dass das Bett beim Hüpfen kaputtgeht!«, dann wird das Kind das nicht verstehen können. Das Kind kann sich nicht vorstellen, dass es etwas kaputt macht; es spürt nur, dass es Spaß macht, auf dem Bett zu hüpfen. Also lernt es durch den Schreck, wenn es ermahnt oder sogar angeschrien wird: Achtung! Die Eltern sind wütend, also darf ich nicht hüpfen und mich freuen, denn wenn ich mich freue, lieben mich meine Eltern nicht. Und wenn mich meine Eltern nicht lieben, kann ich nicht überleben. Also passe ich mich an und freue mich weniger.
  Solche und andere Muster verfestigen sich oft und spielen später auch in Partnerschaften und Beziehungen zu anderen Menschen und zum Leben eine Rolle.
- Wir müssen lernen, dass die Liebe, die wir suchen und brauchen, uns nur durch unsere eigene geistige Anbindung zu Gott und zum Licht gegeben wird. Nur aus dieser Liebe können wir die Beziehungen zu uns und unseren Mitmenschen heilen. »Nicht aufgeben!«, sagt Samael.

- Man darf nicht vergessen, dass das kosmische Wissen unendlich ist und durch Gehirn und Verstand allein nicht fassbar ist. Wenn Sie merken, dass Sie immer wieder an die gleichen spirituellen Fragen stoßen, dann erinnern Sie sich bitte daran, dass Fragen und Antworten viel besser über das Gefühl erfassbar sind. Erleben Sie emotional das bereits von Ihrem Intellekt erfasste Wissen. Eine Einsicht lautet: Ursache aller Fragen, die einen Menschen umtreiben und belasten, und Ursache aller Probleme ist Angst. Alle von Liebe nicht erfüllten Gefühle entsprechen der Angst. Alle Antworten enden jedoch immer in der Liebe.

FRAGEN AN ERZENGEL SAMAEL UND SEINE ANTWORTEN

- *Was ist der Unterschied zwischen Selbstliebe und Ego?*
  Das sind zwei völlig unterschiedliche Dinge. Ego ist eine Idee, ein Gedanke oder ein Gefühl, das nicht von lichtvoller Wärme durchdrungen ist. Selbstliebe ist der unerschütterliche Glaube an sich selbst und an das, was Sie tun. Sie ist sozusagen die Wahrnehmung des eigenen Herzens.
- *Wie kann ich neue Hoffnung schöpfen?*
  Durch den Willen zu leben.

ERZENGEL-SAMAEL-MEDITATION

Vorbereitung: Setzen Sie sich bequem hin. Entspannen Sie Ihren Körper. Atmen Sie mit einem inneren Lächeln.

Sagen Sie innerlich, gedanklich, zu sich selbst: Ich glaube an die Kraft der Hoffnung. Sie begleitet mich überall.

Erahnen Sie das Gefühl, das sich mit dem Begriff und der Schwingung des Wortes Hoffnung verbindet.

Spüren Sie die Energie von: Ich richte mich immer wieder auf!

Kreisförmig um Sie herum entstehen violette Lichtsäulen. Sehen Sie das mit dem inneren, geistigen Auge oder stellen Sie sich diese violetten Lichtsäulen vor.

Atmen Sie Hoffnung ein und aus.

Stellen Sie sich vor oder spüren Sie, dass Erzengel Samael vor Ihnen steht und Sie anblickt. Er fragt Sie: Welche Kraft in dir lehnst du ab?

Fragen Sie sich selbst aus tiefstem Herzen: Welche Kraft lehne ich in mir ab?

Beobachten Sie, während Sie weiter ruhig, harmonisch und tief atmen: Vor Ihrer Brust entsteht eine Lichtwolke mit Ihrer persönlichen Antwort (zum Beispiel Friede, Gelöstheit, Sicherheit und so fort). Werden Sie sich dieser bisher meist unbewusst abgelehnten Qualität bewusst, denn Samuel nimmt die Lichtwolke in seine Hand, um sie Ihnen mitsamt der darin enthaltenen positiven Eigenschaft zu schenken. Spüren Sie: Ja, ich nehme diese Lichtwolke und diese Eigenschaft gerne und dankbar an.

Sehen bzw. spüren Sie nun, wie Sie Lichtwolke und Eigenschaft annehmen und in sich aufnehmen.

Nehmen Sie diese Kraft im Herzchakra auf, oder in der Aura?

Atmen Sie das Gefühl mit ein, das sich mit der Eigenschaft verbindet. Werden Sie ganz zu dieser Eigenschaft.

Aus diesem tiefen Gefühl heraus werden Sie selbst zu einer Lichtsäule.

Atmen Sie ruhig und tief und sprechen Sie: Ja, ich bin ... (zum Beispiel »im Frieden« oder »Ich fühle mich völlig sicher« ...).

Spüren Sie die Kraft und Schwingung und verweilen Sie darin eine Zeitlang.

Abschluss: Kommen Sie mit einem Herzenslächeln wieder zu sich. Strecken Sie sich und atmen Sie mehrfach tief ein und aus, um wieder ganz im Hier und Jetzt zu sein.

ERZENGEL URIEL

Der sechste Schritt: Wahre Individualität entwickeln
Entsprechungen: Samstag – Halschakra – Lichtfluss im Körper

Der Name bedeutet »Feuer Gottes«. Manchmal findet man als synonyme Namen auch Remiel oder Jeremiel. Erzengel Uriel wird in den verschiedenen Traditionen mal als Seraph oder als Cherub, dann wieder als Herrscher der Sonne, als Flamme Gottes, als Engel der Gegenwart, als Herrscher des Hades (der Unterwelt) und auch als Erzengel der Erlösung betrachtet.

In alten Zeiten stellte man ihn ernst und eher in dunklen Farben dar. Er steht vor den Pforten des Paradieses und wacht darüber, wer hineindarf. Manchmal zeigte man ihn sogar als Sensenmann oder als Totenwächter und damit als Symbol der Prüfungen und des Stillstandes.

Ich sehe Uriel anders. Er befindet sich sehr weit von uns Menschen entfernt in hohen Himmelreichen; er zeigt sich, als ob er hinter einer weißen Wolke wäre. Sein Gewand ist grenzenlos weit und besitzt eine silbrig-weiße Energie. Er ist der Hüter vor dem Himmelsparadies, einem Ort der Gottesnähe und Erholung für hohe Wesen, die derzeit keine spezielle Aufgabe zu erfüllen haben, der nur Engel sowie auch Seelen Verstorbener dort einlässt, welche dieselbe Energie der friedvollen Ruhe in sich tragen. Mit seinem silbrig-weißen Gesicht schaut er uns mit ernst prüfendem Blick an, ob wir wirklich in diese geistige Ebene hinein möchten.

Uriel wirkt immer dort mit, wo Menschen Segnungen vornehmen, bei der Taufe und anderen Ritualen, aber auch bei allen Formen der persönlichen Segnung, die ein Mensch für einen anderen Menschen oder andere Lebewesen vornimmt.

Uriel steht für den Lichtfluss im menschlichen Organismus und fördert Ordnung und Harmonie dort. Uriel bringt zudem Ordnung, Klarheit und Harmonie in unsere Gedanken. Deshalb ist er mit dem Halschakra verbunden. Uriel stärkt die Ordnung auch in der Form, wie wir Gedanken äußern, wie wir sprechen und schreiben, in welcher Ausdrucksform wir uns mitteilen.

Der Samstag ist der Tag des Uriel und eine gute Gelegenheit, die Woche Revue passieren zu lassen und sich neu zu ordnen, äußerlich und innerlich.

Stichworte zu Themen

- Die Kraft von Uriel, die Klarheit, fordert von uns, dass wir zu unserer Individualität, auch in Bezug auf unsere Ursprungsfamilie, stehen.
- Eltern: Wir sind nicht dafür da, um unsere Eltern zu therapieren oder zu erlösen; dieser Prozess vollzieht sich durch die Lichtkräfte von ganz allein, wenn Sie Ihren eigenen Weg gehen. Mögliche einfache Hilfsmittel sind Gebete und Segnung zum gegebenen Zeitpunkt.

Fragen an Erzengel Uriel und seine Antworten

- *Warum glauben die Menschen, nicht rein vor Gottes Angesicht zu sein?*
  Die menschliche Gefühlsebene reagiert zu stark auf Leid und

Euphorie, was sie von der erstrebenswerten inneren Leichtigkeit abhält. Dadurch hindern sich die Menschen selbst daran, sich als liebevolle und reine Wesen zu erfahren.

* *Was hindert einen Menschen, sich nach seinem physischen Tod in das von Erzengel Uriel behütete Paradies zu begeben?* Erzengel Uriel, als Wächter vor dem himmlischen Paradies, in dem sich die reinen Seelen aufhalten, möchte auch alle nach ihrem Tod in diese Dimension einladen. Dies kann erst geschehen, wenn sich die Seele vollkommen von emotionaler Schwere freigemacht hat.

ERZENGEL-URIEL-MEDITATION

Vorbereitung: Setzen Sie sich bequem hin. Entspannen Sie Ihren Körper. Atmen Sie mit einem inneren Lächeln.

Spüren Sie: Ich bin bereit für meine innere Klarheit.

Weiß-silberne wellenartige Energien kommen von Erzengel Uriel auf Sie herunter. Begegnen Sie ihnen mit einem Herzenslächeln. Atmen Sie langsamer und tiefer, um diese lichtvolle Berührung zuzulassen. Atmen Sie den Satz: Der Atem ist in mir. So wird sich alles auflösen, was chaotisch ist.

Spüren, sehen oder stellen Sie sich vor, wie der Erzengel Sie liebevoll ansieht, während er sich auf Ihr Herzchakra ausrichtet. Wie ein warmer Hauch berührt Sie seine Energie.

Erzengel Uriel öffnet Ihr Herzchakra zu einem Lichtkreis und lässt Sie in einen weiten Horizont schauen.

Atmen Sie vertrauensvoll in sich, Erzengel Uriel schafft göttliche Ordnung und Klarheit in Ihnen.

Sprechen Sie gedanklich: Ich bin in meinem göttlichen Funken völlig rein.

Atmen Sie weiter gelassen, harmonisch und tief und lassen Sie alles los, was Sie zu belasten scheint.

Eine rosafarbene Säule, die Sie stärkt und heilt, baut sich in Ihrem Körper auf. In Ihrer Brustmitte öffnet sich ein lichtvolles Fenster. Atmen Sie und beobachten Sie, was Sie darin sehen.

Stellen Sie innerlich diese Frage: Was ist der Impuls für meine Individualität? Atmen Sie ruhig weiter und lassen Sie die Frage wirken.

Schauen Sie weiter in dieses Lichtfenster – Sie sehen nun einen weißen Raum. Setzen Sie sich hinein und warten Sie ab. Beobachten Sie, welche Farbe oder Botschaft, welches Symbol oder Gefühl Ihnen begegnet. Wenn etwas auftaucht, dann fragen Sie mit Gefühl und Anteilnahme aus dem Herzen: Was bedeutet das für mich? Atmen Sie weiter tief und ruhig.

Nehmen Sie den Antwortimpuls, den Sie erhalten, an und sprechen Sie zu sich selbst: Ja, das darf in mir wirken.

Spüren Sie die Kraft in Ihrer Brust und bekräftigen Sie: Ja, ich will so sein!

Abschluss: Kommen Sie mit einem Herzenslächeln wieder zu sich. Strecken Sie sich und atmen Sie mehrfach tief ein und aus, um wieder ganz im Hier und Jetzt zu sein.

Erzengel Gabriel

Der siebte Schritt: Den Horizont erweitern
Entsprechungen: Montag – Herzchakra – Stoffwechsel, Verdauungsorgane

Der Name dieses Erzengels bedeutet »Gott ist meine Stärke«. Erzengel Gabriel spielt in allen drei Religionen von Judentum, Christentum und Islam eine wichtige Rolle. Er ist der Verkündigungsengel, der zum Beispiel dem Propheten Daniel erscheint, der Maria die Geburt Jesu verheißt und dem Propheten Mohammed den Koran übermittelt. Erzengel Gabriel wird oft auch als Engel der Auferstehung und der Offenbarung betrachtet.

Erzengel Gabriel stärkt die Gabe der Vorausschau und Vorausplanung, schenkt Visionen und ermuntert zur Bereitschaft, sich auf Neues einzulassen.

Mir zeigt sich Gabriel in einem lichtvollen weißen Gewand, mit langen weißen, wallenden Haaren. Mit seiner strahlenden hellen Ausstrahlung steht er dicht neben dem Menschen, bleibt jedoch zugleich mit der gesamten Schöpfung verbunden. Sein Gesicht ist offen, freundlich, voller Hingabe und Zuversicht, dass wir zu unserer Wahrheit finden.

Früher wurde Gabriel meist mit einer Lilie in der Hand dargestellt, oft mit weiblichen Zügen. So konnten Menschen die Bedeutung dieses Erzengels besser verstehen.

Erzengel Gabriel teilt uns mit, welche Schritte wir unternehmen sollten, um das Neue, das vor uns liegt, auch zu erreichen und zu verwirklichen, denn zu seinen Aufgaben gehört es, das Neue zu fördern und die Tatkraft für die vor einem liegenden Aufgaben zu stärken.

Erzengel Gabriel spricht auch das Herz an. Denn nur über ein starkes Herz wächst der Mut für die Gestaltung des Lebens. Nur über unser Herz wird unser Lebensmut immer wieder aufgebaut. Deshalb ist Gabriel auch dem Herzchakra zugeordnet. Es ist wichtig, das Leben »zu verdauen«, um sich wirklich auf etwas Neues einlassen zu können. Stoffwechsel und Verdauungsorgane, dazu zählen auch Schleimhäute, Lymphe und so fort, gehören ebenfalls zu diesem Erzengel.

Montag ist der »Gabriel-Tag«, der symbolisch für Neubeginn und Tatkraft steht.

- Kraftpunkte der Erde sind unser Zeugungsort, unser Geburtsort und unser Wohnort. Sie beeinflussen unsere Ätherkräfte und unsere Persönlichkeitsentwicklung.
- Der Impuls nach Neuem ist ein spiritueller Ansatz für die Suche nach sich selbst. Das bedeutet nicht, dass man das Alte verurteilen, sondern damit Frieden schließen sollte.
- Intuitiver Impuls: Wahrheit liegt in der Individualität.

Fragen an Erzengel Gabriel und seine Antworten

- *Welchen Anteil habe ich an der Wandlung der Erde?*
  Deinen persönlichen. Deine menschliche Schwingung verbindet sich mit dem Himmel wie auch mit der Erde.
- *Was erleichtert es mir, mich vom Alten zu lösen?*
  Deine Sichtweise und deine nach vorn, in die Zukunft gerichteten Interessen. Der richtige Zeitpunkt hängt von deiner Reife und deinem Streben nach Neuem ab.

Mit der Kraft des Erzengels Gabriel und im göttlichen Bewusstsein haben wir zu lernen, grenzübergreifend und wahrhaftig zu leben. Denn sonst verhalten wir uns wie der Bär in folgender Geschichte.

Der Bär war im Zoo geboren. Sein Leben verbrachte er in einem Käfig, in dem er sich nur drei Meter vor und zurück, drei Meter nach rechts und nach links bewegen konnte. Eines Tages befreiten Tierschützer ihn und brachten ihn in die Wildnis. Dort hatte er keine äußeren Grenzen mehr und hätte sich frei bewegen können, wie er wollte. Doch auch in der Freiheit bewegte er sich drei Meter nach vorne und zurück, nach rechts und nach links. Als andere Bären ihn sahen, fragten sie ihn, warum er sich so merkwürdig verhalte. Er antwortete: Ich bin so ein armer Bär und hatte nur einen drei Meter großen Käfig.

Auch der erwachsene Mensch muss sich erst an seine wahre Freiheit gewöhnen!

ERZENGEL-GABRIEL-MEDITATION

Vorbereitung: Setzen Sie sich bequem hin. Entspannen Sie Ihren Körper. Atmen Sie mit einem inneren Lächeln.

Sprechen Sie zu sich, in Gedanken und im Herzen: Ich bin bereit für die Erweiterung des eigenen Horizonts.

Stellen Sie sich vor oder sehen Sie dann: Erzengel Gabriel steht mit zum Himmel ausgestreckten Armen und Händen vor Ihnen. Sein weiß-gelbes Licht fließt in Ihre Aura. Verbinden Sie sich damit – mit einem Herzenslächeln. Genießen Sie, wie Ihre Aura um Sie herum größer wird und Ihr Brustraum freier. Nehmen Sie wahr, wie sich der Horizont um Sie herum öffnet.

Fragen Sie nun aus dem Herzen: Was ist mein Zukunftsimpuls?

Atmen Sie tief ein und aus und erblicken Sie den Horizont.

Spüren Sie: Welches Gefühl oder Symbol, welche Farbe und Botschaft begegnet Ihnen am Horizont? Ist es die grenzenlose Weite aller Möglichkeiten?

Was für ein Gefühl ist Ihr ganz eigenes dabei?

Nehmen Sie die Botschaft oder Farbe, das Gefühl oder Symbol ganz an. Spüren Sie es in Ihrer Brust und atmen Sie dabei harmonisch und gelassen weiter.

Erzengel Gabriel hält und wendet Ihr Gesicht in die richtige Richtung, damit Sie mehr von Ihrem Zukunftsimpuls am Horizont erkennen können.

Verbinden Sie sich damit auf eine noch tiefere Weise.

Halten und bewahren Sie diesen Impuls wie eine lichte, wertvolle Kugel in Ihrem Herzen.

Abschluss: Atmen Sie in Dankbarkeit dreimal tief durch.

Lächeln Sie und kommen Sie wieder langsam ganz zu sich.

Der achte und der neunte Entwicklungsschritt werden von den Erzengeln Sandalphon und Metatron begleitet.

Im achten Stadium geht es darum, die eigene Freiheit zu entfalten, im neunten Stadium darum, Unabhängigkeit im Alltagsleben zu verwirklichen.

Erzengel Sandalphon

Der achte Entwicklungsschritt:
Die Befreiung der wahren eigenen Persönlichkeit

Der Name geht auf einen griechischen Begriff für *Ko-Bruder* zurück. Man findet manchmal auch die Schreibweise Sandolphon und Sandolfon. Dieser Erzengel gilt manchen als der Prophet Elias, der aufgrund seines heiligen Wirkens auf der Erde zum Erzengel in den Himmel erhoben wurde. Bei *Gustav Davidson* steht zu lesen, er sei der Zwillingsbruder des Erzengels Metatron.

Die Lichtgestalt dieses Erzengels ist wie ein klarer Wasserfall. Er steht voller Bereitschaft da und schaut uns an. Ich nehme Sandalphon als doppelt so groß wahr wie eine Menschengestalt. In seinem blau-weißen Licht ist er jedoch grenzenlos! Seine Energie ist fließend wie Wasser, seine Ausstrahlung weich, etwas kreisförmig und ruhig.

- Die innere Einheit und Ganzheit des Menschen
- Der Fluss des Lebens
- Die echte Annahme des irdischen Lebens
- Auflösung von Ängsten
- Entwicklung des Bewusstseins
- Harmonische Entfaltung der Persönlichkeit
- Freiheit von Dogmen, Vorurteilen und Irrtümern
- Einheit und Ganzheit als Teil des Göttlichen

FRAGEN AN ERZENGEL SANDALPHON UND SEINE ANTWORTEN

- *Schafft man es in diesem Leben, die Freiheit der eigenen Persönlichkeit zu erleben?*
  Ja, denn wir entwickeln diese Eigenschaft, solange wir leben. Achte darauf, keine Feindbilder aufzubauen bzw. an ihnen festzuhalten.
- *Wie kann ich mich selbst als Ganzes erleben?*
  Du wirst deine Persönlichkeit nie als ein Ganzes ausleben können, wenn du dich selbst als die Hälfte betrachtest und einen anderen Menschen als die zweite Hälfte brauchst, um dich als Ganzes zu fühlen.
- *Was ist bei einer glücklichen Beziehung zu beachten?*
  Eine stabile Partnerschaft funktioniert nur dann, wenn du den Partner nicht brauchst, sondern er da sein darf, um dein Leben zu bereichern. Es ist wichtig, dankbar dafür zu sein, was man hat, und alles dann auch zu nutzen. Jeder darf frei und glücklich sein mit seiner Individualität und in seinem Lebensplan.
- *Wie finde ich heraus, was ich wirklich tun soll? Was ist wirklich gut für mich?*
  Über Vertrauen und Loslassen findet sich der Weg zum richtigen Tun.

- *Wie kann ich mich davor schützen, von anderen verletzt zu werden?*

Es ist besonders wichtig, sein Herz für sich selbst zu öffnen. Dann öffnet sich das Herz auch automatisch für andere. Irgendwann einmal ist die Weisheit des Herzens so stark, dass man überhaupt nicht mehr oder zumindest nicht mehr so leicht von den Mustern anderer verletzt werden kann.

ERZENGEL-SANDALPHON-MEDITATION

Vorbereitung: Setzen Sie sich bequem hin. Entspannen Sie Ihren Körper. Atmen Sie mit einem inneren Lächeln.

Wenden Sie sich gedanklich an den Erzengel Sandalphon und fragen Sie mit einem Lächeln in Ihrem Herzen: Lieber Erzengel Sandalphon, was kannst du mir über die Freiheit meiner Persönlichkeit sagen?

Sehen Sie ein Meer vor sich und wie es sich vor Ihnen teilt und öffnet. Schauen Sie, wie Sie bis zum Meeresboden blicken können. Sprechen Sie dann innerlich: Alles, was mir nicht entspricht, schenke ich dem Meer und der Erde.

Lassen Sie das Meer sich wieder schließen und atmen Sie tief und harmonisch weiter in den Bauch ein und aus.

Drehen Sie sich dorthin, wo die Sonne aufgeht.

Beobachten Sie, welches Bild von der Sonne über das Meer auf Sie zukommt.

Sehen Sie bzw. stellen Sie sich vor oder spüren Sie, wie Ihnen eine kristallartige Energie zufließt und Impulse von Freiheit und Persönlichkeit schenkt. Beobachten Sie, welche Symbole, Farben, Zeichen oder Botschaften auftauchen. Sie alle sind ein wunderschöner befreiter Teil von Ihnen selbst.

Fragen Sie die Symbole, Farben oder Zeichen, die Ihnen begegnet sind: Was ist die Qualität meiner Persönlichkeit und Freiheit?

Atmen Sie tief und ruhig weiter.

Spüren Sie die Qualität der Reinheit, der Freude oder von etwas anderem, und sprechen Sie: Es darf sein!

Nehmen Sie diese Qualität und Energie in Ihrem Brustkorb so intensiv es Ihnen möglich ist in sich auf; der Rest fließt in Ihre Aura.

Je mehr Sie sich darauf einlassen, desto mehr wird es Sie verwandeln. Sprechen Sie innerlich aus und bekräftigen Sie: Ja so will ich sein! Das bin ich!

Atmen Sie weiter und sagen Sie: Ich bin frei.

Abschluss: Kommen Sie mit einem Herzenslächeln wieder zu sich. Strecken Sie sich und atmen Sie mehrfach tief ein und aus, um wieder ganz im Hier und Jetzt zu sein.

ERZENGEL METATRON

Der neunte Entwicklungsschritt:
Individuelle Lebensgestaltung

Metatron zeigt sich mir in zarten und ausdrucksvollen Rosé-, Orange- und Rotfarben. Mächtig und ruhig sehe ich ihn schwebend vor mir. Sein Lichtgewand ist ruhig, seine Arme sind zu den Menschen hin ausgebreitet; sein Gesicht ist den Menschen voller Aufmerksamkeit zugewandt. Er zeigt sich mir etwa dreimal so groß wie ein Mensch, doch durch seine Grenzenlosigkeit zerfließt er mit dem Himmel. Seine Energie ist sehr stark und berührt mit grenzenlosem Vertrauen. Seine Ausstrahlung ist weich, voller Wärme, und seine Lichtstrahlen sind geradlinig. Metatron ist insbesondere zuständig für die Ziel- und Orientierungsfindung, das Sinnbegreifen und für die Akasha-Chronik der Menschen.

Metatron ist zu einer Art Modeengel oder Lieblingsengel vieler esoterischer Schriften und Produkte geworden, so häufig wird er zitiert und gechannelt, so vielfach schmückt er Engelprodukte in Form von Fläschchen und Zeichen. Das mag jeder persönlich und von Fall zu Fall einschätzen und bewerten. Metatron taucht mit diesem Namen weder im Alten noch im Neuen Testament auf und auch nicht im Koran. Er wird in einigen Abschnitten im Talmud kurz erwähnt. Metatron erscheint vor allem in mittelalterlichen mystischen Texten des Judentums. In der rabbinischen Tradition ist er der höchstgestellte aller Engel und Erzengel und dient u. a. als »himmlischer Schreiber«. *Gustav Davidson* zitiert, dass er bisweilen auch als Zwillingsbruder des Sandalphon betrachtet wird. Unter Umständen ist Metatron der in den Himmel erhobene Prophet Henoch, so wie Sandalphon der als Erzengel in den Himmel erhobene Elias sein soll. In einigen Schriften steht zu lesen, dass Metatron der »geringere Jahweh« sei, eine Art »Gott im Kleinformat«. Erst in dieser Manifestation als Erzengel Metatron kann er der eigentlich nie stofflich oder feinstofflich manifestierbaren Schöpferkraft einen weltlich ansatzweise begreifbaren Ausdruck verleihen.

Stichworte zu Themen

- Worin besteht meine Lebensaufgabe?
- Welche Aufgaben erfüllten meine früheren Inkarnationen?
- Was war die Kraft meines letzten Lebens?
- Angst: Primär hat der Mensch Angst vor dem Sterben; das heißt auch vor jeglichem Loslassen. Merkwürdigerweise

existiert jedoch auch eine sekundäre Angst, nämlich die Angst vor dem Glücklichsein!

- *Gestaltet man das eigene Leben einmal richtig und individuell und dann war es das?*
Die individuelle Lebensgestaltung ist immer im Wandel mit deinen Wagnissen und Bedürfnissen. Sterben entspricht Leben, denn beides ist Loslassen, während man ständig im Fließen ist.

- *Wie wichtig ist die Akasha-Chronik für den einzelnen Menschen?*
Die Akasha-Chronik ist ein alles umfassendes, energetisches Feld, das alle Erfahrungen jeder Seele und das gesamte kosmische Wissen enthält. Ihr ist Erzengel Metatron zugeordnet.

Während jeder Mensch in sein momentanes, für die Inkarnation auserwähltes irdisches Zuhause gefunden hat, bleibt er trotzdem mit seiner himmlischen Heimat verbunden. Das heißt, in den himmlischen Sphären ist seine Seele mit allem und mit all ihren bisher gemachten Erfahrungen verbunden. Dies gibt dem Menschen Lebenskraft und Struktur für seine Lebensaufgabe und seinen Lebenssinn. Die Akasha-Chronik ist sehr wichtig für die geistige Ausrichtung und Wegfindung in diesem Leben. Man ist mit dieser Chronik über sein höheres Selbst verbunden. Diese Verbindung äußert sich in Form von innerem Wissen oder auch »Geistesblitzen«.

Vorbereitung: Setzen Sie sich bequem hin. Entspannen Sie Ihren Körper. Atmen Sie mit einem inneren Lächeln.

Spüren Sie das wärmende Gefühl der Demut in Ihrem Brustbereich.

Stellen Sie sich vor und spüren Sie: Die Engel schicken eine reinigende Lichtdusche, die auf Sie herabsprudelt. Genießen Sie diese Entlastung und Reinigung und atmen Sie tief ein und tief aus.

Erzengel Metatron arbeitet nun an Ihren beiden Körperhälften, damit Ihr Herzraum frei werden kann. Geben Sie sich Zeit, denn Erzengel Metatron entwickelt einen neuen Lichtkanal in Ihnen. In Ihren Lungen entstehen Lichter wie Schmetterlingsflügel, um Ihnen das Leben in seiner Leichtigkeit zu zeigen! Erlauben Sie diesen Schmetterlingsflügeln zu strahlen und atmen Sie weiter harmonisch und gelassen und tief ein und aus. Spüren Sie, welch großer innerer Reichtum und welche Leichtigkeit in Ihnen entsteht.

Stellen Sie sich jetzt vor: In Ihrer Brust entsteht eine braune Leiter. Sie symbolisiert eine Frage an Sie, und zwar:

Wo willst du hin?

Schauen Sie, ob sich die Farbe der Leiter verändert; vielleicht wird sie golden.

Wohin führt die Leiter Sie? In Ihr Inneres?

Lassen Sie sich von der lichten Kraft führen und atmen Sie dabei ruhig weiter. Spüren Sie in die Energie in Ihrem Brustraum hinein und stellen Sie innerlich die Frage: Lieber Erzengel Metatron, was kannst du mir im Hinblick auf meine Lebensgestaltung sagen?

Beobachten Sie, ob Ihnen ein Bild oder eine Idee kommt.

Sie müssen nicht alles verstehen, was Sie sehen, spüren, ahnen oder sonst irgendwie aufnehmen an Schwingungen, Bildern, Ideen, Zeichen, Symbolen, Farben, Klängen oder Botschaften. Sie sollen die Impulse einfach nur wahrnehmen, denn das, was Sie wahrnehmen, ist das, woran die geistige Welt bei Ihnen glaubt! Identifizieren Sie sich mit Ihrer Lebensaufgabe. Spüren Sie in Ihr Herz hinein: Ja, das darf zu mir kommen; bitte führt mich dahin.

Geben Sie Erzengel Metatron Ihre Hand und fühlen Sie sich ganz mit ihm verbunden.

Fühlen Sie: Ja, das schaffen wir.

Abschluss: Atmen Sie dreimal tief durch, recken und dehnen Sie sich und kommen dann in Dankbarkeit und Freude wieder ganz zu sich.

Erzengelmeditation für die ganze Woche

An jedem Wochentag ist, wie schon ausgeführt, die Energie eines bestimmten Erzengels besonders wirksam. Deshalb ist es sinnvoll, sich bewusst auf die Aufgaben und Chancen einzustellen, die mit dem jeweiligen Wochentag zusammenhängen und dafür auch die speziellen Erzengelenergien zu nutzen.

Ich persönlich schließe die Erzengelmeditation morgens an die Schutzengelmeditation an; man kann sie selbstverständlich auch getrennt durchführen. Diese Übung ist für das Sitzen gedacht; sie kann ebenfalls bis zu einer halben Stunde dauern.

Tief und sanft in den Bauch atmen.

Die ganze Muskulatur von unten bis oben entspannen.

Sagen Sie sich innerlich, mental: Ich verbinde mich mit der lichtvollen geistigen Welt.

Dabei stellen Sie sich eine Lichtsäule vor, die vom Wurzelchakra durch alle Chakras über das Scheitelchakra bis in den Himmel reicht.

Sagen Sie sich innerlich, mental: Ich bitte um Segen für mich und meine Lieben. Dabei vergegenwärtigen Sie sich einen Lichtkreis um Sie herum – als würde sich ein Lichtmantel um Ihre ganze Aura legen.

Stellen Sie sich auch Ihre Lieben wie von einem Lichtkreis umhüllt vor.

Stellen Sie sich eine liegende Acht vor (Lemniskate) und sagen Sie sich innerlich, mental: Ich bitte um Schutz.

Nun holen Sie die Erzengelqualität des jeweiligen Tages in Ihr Bewusstsein mit den Worten: »Heute ist ... (Tag der Woche). Es ist die Kraft des Erzengels ... Seine Aufgabe ist ...« Nehmen Sie sich Zeit, diese Qualität zu empfinden, sich auf sie einzulassen und darin zu verweilen, bis Sie die jeweilige stärkende Kraft im entsprechenden Chakra und Organsystem spüren.

Abschluss: Im Herzchakra das lichtvolle Kreuz spüren. Sie atmen tief ein, wobei sich in Ihrer Vorstellung ein Lichtkreuz nach oben entfaltet, in den Himmel; Sie atmen aus, das Lichtkreuz geht nun tief in die Erde hinein. Beim weiteren Atmen entfaltet sich das Kreuz nun nach links bzw. nach rechts. Danach nehmen Sie erneut einen Lichtkreis wahr, der sich wie ein Schutzkreis um dieses Kreuz legt, das Sie in Ihre Mitte bringt und zugleich mit Himmel, Erde und Welt verbindet. Beenden Sie diese Meditation – und jede Meditation –, indem

Sie Ihr Herzchakra anlächeln und zu sich selbst innerlich sagen: Ich liebe mich.

4. Erzengel von Adnachiel bis Zuriel: Eigenschaften und Aufgaben

Es gibt unzählig viele Erzengel, weil es unzählige Aufgaben an den Menschen zu erfüllen gibt. Es ist völlig legitim, dass verschiedene Menschen die Erzengel teilweise ganz unterschiedlich wahrnehmen, sehen, empfinden. Es gibt keine einheitliche offizielle Sichtweise oder Darstellungsform, sondern eine Vielfalt. Es ist auch nicht wichtig, die Namen aller oder sehr vieler Erzengel zu kennen. Das ist genau genommen aus zwei Gründen auch gar nicht möglich. Erstens gibt es viel zu viele. Zweitens tragen die Erzengel diese Namen nicht; wir Menschen bezeichnen sie so, damit wir uns besser vorstellen können, welche Eigenschaften zu welchem Lichtwesen gehören. Wer einmal einen Blick in die fast unüberschaubare Engelliteratur geworfen hat, wird überwältigt sein von der Fülle unterschiedlicher Namen und auch Schreibweisen für ein und denselben Engel. Ein einziges Beispiel. Der bereits mehrfach zitierte *Gustav Davidson* nennt in seinem Engelkompendium, in dem bald 6000 Engel namentlich angeführt sind, auch diese Namen für den Erzengel Raguel: Raguil, Rasuil, Rufael, Suryan, Akrasiel und Raguhel.

Wertvoller und wesentlicher als die Namen der Erzengel zu kennen ist, dass wir bestimmte Eigenschaften und Qualitäten der wichtigsten Erzengel erspüren und unterscheiden lernen. Zum Beispiel die Kraft der Liebe, der Harmonie, des Friedens. Wie nutzen wir diese Kräfte? Wie konsequent gehen wir mit der Kraft der Toleranz um? Wie ehrlich sind wir in der Liebe?

Die neun Erzengel, die im Mittelpunkt dieses Buches stehen, sind für unser Alltagsleben von größter Bedeutung. Es gibt darüber hinaus eine Reihe von weiteren Erzengeln, die gerade in unserer Zeit und für die neue Zeit sehr präsent sind. Zu den derzeit wichtigsten möchte ich Ihnen meine Erfahrungen mitteilen.

Ich meine, dass wir in unserer Engelarbeit und in der Begleitung durch Engel sowie in der Heilung mit Kräften der Engel mit einigen wenigen beginnen sollten, damit wir erst einmal genügend eigene Erfahrung sammeln und auch wirklich zutreffende Unterscheidungen machen können.

Dem Wunsch, der in vielen Vorträgen und Kursen geäußert wurde, dass ich einige grundlegende Informationen zu weniger bekannten Erzengeln gebe, obwohl wir allgemein meist noch nicht praktisch mit ihnen zu tun haben, komme ich an dieser Stelle nach. Wiederum stützen sich die Angaben auf eigenes unmittelbares Erleben und auf direkte Mitteilungen aus der lichten geistigen Welt bzw. von den betreffenden Erzengeln selbst.

Adnachiel (auch: Advachiel; Adernahael)
Erzengel Adnachiel zeigt sich mir in einer glühendroten Lichtgestalt, um ihn herum strahlt starkes Violett. Er strahlt sehr viel Aktivität und Power aus.
Zuständig für:
- Befreiung
- Ergreifen der Kraft
- Durchsetzungsvermögen

Besonders hilfreich bei Fragen über
- das eigene Potenzial
- Grenzerweiterung

Ambriel

Erzengel Ambriel zeigt sich mir in einer rosafarbenen Lichtgestalt. Um ihn herum strahlt ein orangefarbener Kreis. Er ist sehr zentriert und aufmerksam. Immer wieder bewegt er sich, um seine Aufgabe aktiv zu erfüllen.

Zuständig für:
- den Ausdruck der kosmischen Liebe in allem

Besonders hilfreich bei Fragen über:
- das Gleichgewicht von Aktivität und Passivität
- Opfer- und Täterbewusstsein
- Entwicklung zur göttlichen Erfüllung

Ariel: »Der Löwe Gottes«

Erzengel Ariel hat eine strahlende, weiche und erhabene Energie. Sein Lichtgewand funkelt; es geht von unten zart-silbrig in Weiß über und leuchtet oben in einem zarten Rosé. Er schaut uns ermutigend und voller Bereitschaft an. Er lehrt uns, an den gegenüberstehenden Menschen, ganz gleich ob verwandt oder fremd, genauso zu glauben wie an uns selbst.

Zuständig für:
- die stärkende Verbindung der Menschen in verschiedenen Lebensphasen

Besonders hilfreich bei Fragen über:
- Treue
- konsequentes Handeln
- Toleranz
- den heiligen, helfenden Dienst
- zwischenmenschliche Schicksale

Asmodel

Erzengel Asmodel zeigt sich hoch in den Engelsphären und weit über den Menschen. Seine Farben: Gelb-Orange funkelnd. Seine Schwingung ist hütend und daher ernst.

Zuständig für:

- Ehrlichkeit
- Aufrichtigkeit
- Sinnerfüllung für die himmlischen Vorhaben auf der Erde,
- die globale Zusammenarbeit der Staaten und Länder

Besonders hilfreich bei Fragen über:

- Absicht der geschäftlichen Beziehungen und Vorhaben

Azrael (auch Asrael): »Dem Gott hilft« und »Schwur Gottes«

Erzengel Azrael ist ein Engel mit einer schlichten Ausstrahlung. Er zeigt sich mir in einer blau-lila, schmalen Lichtgestalt, kleiner als ein Mensch, und ich sehe ihn in sich gekehrt und aufgabentreu. Seine Energie ist um ihn herum zentriert und kreisförmig. Er bewegt sich schnell und zielgenau. Seine Ausstrahlung ist sehr wach.

Zuständig für:

- geistiges Aufräumen
- die Erfüllung des göttlichen Plans nach dem Übergang der Seele aus dem Körper in die geistige Welt
- Ablösung zwischen Körper, Geist und Seele

Besonders hilfreich bei Fragen über:

- das Helfen
- Loslassen
- Trauer
- den Sinn des Sterbens
- den Ausblick in das Jenseits
- den Weg danach

Barbiel

Erzengel Barbiel zeigt sich mir in einer orange-schwarz leuchtenden Lichtgestalt. Seine Energie ist eher ernst und konzentriert.

Zuständig für:
- die Dinge des Lebens und Sterbens im richtigen Verlauf fließen zu lassen
- eine stimmige Strukturierung der Seelenkräfte

Besonders hilfreich bei Fragen über:
- Unendlichkeit
- Kraft zur Umsetzung
- Helfen und Wirken

Barchiel

Erzengel Barchiel zeigt sich mir in einer tief blaugrünen Lichtgestalt und schnell schwebend. Mit seinen Armen verändert er Dinge.

Zuständig für:
- Umwandlung
- Konsequenz

Besonders hilfreich bei Fragen über:
- Veränderungen und ihren Sinn

Cambiel (auch Cambriel)

Ich erlebe Erzengel Cambiel in einer violetten Lichtgestalt. Seine Gestalt wirkt wie ein klares, schmales Licht. Seine Hände zeigen pfeilartig nach unten. Seine Schwingung ist energiesammelnd und hütend.

Zuständig für:
- Kraftzentrierung
- Empfängnis, Schwangerschaft, Entbindung

- Zuversicht

Besonders hilfreich bei Fragen über:
- den menschlichen Willen
- Lebensprozesse
- Schicksalsfügungen

Hamaliel

Erzengel Hamaliel zeigt sich mir in einer gelbgrünen Lichtgestalt. Seine Bewegungen sind tänzelnd und leicht. Er schwebt in Himmelshöhen voller Gesang.

Zuständig für:
- Inspirationen und ihre Erfüllung
- Balance und Ordnung
- geistiges Wachstum

Besonders hilfreich bei Fragen über:
- die Umsetzung von geistigen Plänen in die Materie
- die Erweiterung des geistigen Wissens auf dieser Erde

Jophiel

(auch Oriflel, Oriphiel, Iofiel, Zophiel): »Schönheit Gottes«
Dieser Erzengel hat eine lichtsäulenartige, schmale, hohe, zarte, goldgelbe, aufmerksame Lichtgestalt und strahlt eine wohltuende, weiche, gerade Energie aus. Sie wirkt sicher und zielstrebig. Seine Schwingung fließt zwischen Himmel und Erde.

Zuständig für:
- Weisheit
- Geduld
- Gottvertrauen
- Gotterleben

Besonders hilfreich bei Fragen über:
- eine Neuorientierung

- Problemlösungen
- Religion, Glauben
- den Zustand des »Ich bin«

Machidael (auch Malchidiel): »Fülle Gottes«
Erzengel Malchidael zeigt sich schwebend in einer ruhenden und ermutigenden Lichtgestalt. Seine Farben fließen vertikal in einem warmen Orange und Rot, die uns einhüllen. Seine Schwingung ist freundlich, weich, bewegend und voller Bereitschaft, etwas zu bewirken.
Zuständig für:
- Begeisterungsfähigkeit
- Wohl der Mitmenschen
Besonders hilfreich bei Fragen über:
- Führungsstil, Führungspotenzial, Führungspersönlichkeiten

Muriel (wie Myrrhe)
Ich sehe Erzengel Muriel schwebend zwischen Himmel und Erde. Seine Lichtgestalt leuchtet innen in maigrüner Strahlung. Seine Ausstrahlung ist weit und bernsteinfarben. Er verbreitet viel Fröhlichkeit und ist immer im regen Kontakt mit den anderen Engeln und den Elementarwesen.
Zuständig für:
- die Verbindung zwischen Himmels- und Erdkräften
- die Verbindung zwischen Engel- und Naturwesenkräften
Besonders hilfreich bei Fragen über:
- das Gedeihen der Pflanzen, der Erde
- die Heilwirkung der Pflanzen
- die Zusammenarbeit zwischen Pflanzen und Mensch

Raguel (auch Raguik, Rasuil): »Freund Gottes«

Raguel zeigt sich mir in einem fliederfarbenen, säulenartigen Licht. Zu seiner Rechten strahlt er milchig weiß, zu seiner linken Seite tief violett. Diese beiden Kräfte öffnen den Menschen zum Himmel (weiß) und erden ihn zur Erde (violett).

Seine Energie ertönt wie ein Friedens- oder Lobgesang. Er preist den Himmel wie auch die Erde. Er ist wie ein geistiger Freund, berührende Gotteskraft für die Menschen.

Zuständig für:

- die wahre, persönliche, spirituelle Entwicklung und Lebenseinstellung
- die Ausrichtung zum Himmel, während man mit beiden Beinen und Füßen geerdet auf dem Boden bleibt.

Besonders hilfreich bei Fragen über:

- spirituelle Lehren und deren Umsetzung
- Chakren, spirituelle Übungen und Meditationen und damit verbundene menschliche Belange

Raquiel (auch Ruchiel): »Seele von Gott«

Raquiel ist nicht nah am Menschen, weil seine Aufgabe auf der Energieklärung der Himmelshöhen basiert. Ich sehe hinauf in Richtung Himmel und beobachte Energiechaos in Grau- bis Weißtönen. Mittendrin zeigt sich mir Erzengel Raquiel. Sein Lichtgewand glänzt in violetter Energie. Seine Arme sind in ständiger Bewegung von links nach rechts. Er ist wie ein Dirigent der Energien und lässt nur die klarsten und reinsten Energieströme nach oben fließen. Die eher grauen bleiben unten am Horizont.

Zuständig für:

- die Reinheit des Energieflusses in den ätherischen Sphären

Für menschliche Fragen steht er nicht zur Verfügung.

Ratziel (auch Radziel): »Geheimnis Gottes«

Erzengel Ratziel zeigt sich mir in einer Lichtgestalt, welche kleiner und schmaler ist als ein Mensch. Er befindet sich neben einer spirituell schreibenden Person. Ratziel steht in einem klaren bis milchigen weißen Licht, das funkelt wie tausend Sterne. Er steht symbolisch mit einer Schreibfeder da. Überall in seinem Lichtgewand sind weiße Federn der Leichtigkeit des Geistes. Seine Schwingung ist hütend, fürsorglich, in sich zurückgezogen.

Zuständig für:

- die heiligen Mysterien, spirituelles Wissen
- das Überbringen von heiligen Schriften und deren Lehren
- das Miteinander zwischen den irdischen und himmlischen Sphären in der Ganzheit des Menschen

Besonders hilfreich bei Fragen über:

- Verstehen
- Ergreifen
- Erklären
- Ausbauen
- Verwirklichen des geistigen Wissens in Architektur, Pädagogik, Kunst, Bildung, Landwirtschaft etc.
- spirituelles Schreiben

Verchiel

Erzengel Verchiel sehe ich in einer Kraft, die sagt: Schau mich an! Sein gelbes Licht leuchtet voller Schönheit und Selbstbewusstsein. Seine Schwingung zeigt, dass er immer zu neuen Aufgaben bereit ist.

Zuständig für:

- die Erweiterung des menschlichen Horizonts
- die Aufnahmefähigkeit des Intellekts

Besonders hilfreich bei Fragen über:

- Problemlösungen

- zukünftige Entwicklung von Plänen und Vorhaben
- Lernmöglichkeiten, Lernhilfen
- Wahrnehmung der Sprache
- Entwicklung neuer Wissenschaften für den Menschen

Zadkiel: »Wohlwollen Gottes«

Dieser Erzengel zeigt sich mir in einer menschengroßen Gestalt, schwebend in einem rosa-rot-violetten Licht. Ich sehe und spüre eine klare, farbenfrohe, beschenkende und von oben nach unten fließende Energie. Seine Ausstrahlung bildet einen großen Kreis.

Zuständig für:
- Gnade
- Warmherzigkeit
- Mitgefühl
- Gabe, Begabung

Besonders hilfreich bei Fragen über:
- Umgang mit und Anwendung von Fähigkeiten
- die wohlwirkende, positive Nutzung von göttlichen Geschenken
- notwendige Wachstumsschritte
- Öffnung für einen tiefen Glauben
- geistige Wahrheiten

Zerachiel

Die Lichtgestalt dieses Erzengels ist wie eine sonnengelbe, fließende, erwärmende Lichtsäule. Diese wird von einem sanften, aufweckenden Ton begleitet. Er schwebt zwischen Himmel und Erde und preist das Leben. Sein Licht ist immer in einer sanften Bewegung, freundlich und weich.

Zuständig für:
- den Lobpreis des Lebens
- den Erfolg von Projekten
- Begeisterungsfähigkeit ganz allgemein

Besonders hilfreich bei Fragen über:
- die Kraft des Willens
- soziale Aspekte des Lebens
- Gemeinschaftssinn

Zuriel: »Mein Fels ist Gott«
Erzengel Zuriel zeigt sich mir in einer tiefgrünen Lichtgestalt, in heilenden Bewegungen und ruhigem Glanz.

Zuständig für:
- Beruhigung
- Frieden, Zustimmung
- Vertrauen

Besonders hilfreich bei Fragen über:
- das Verständnis von Mitmenschen
- die eigene Verantwortung

Erzengel Zuriel gilt u. a. als Heiler der menschlichen Dummheit!

5. Die Erzengel der Monate und Tierkreiszeichen

Der Zusammenhang einer kosmischen Ordnung, in der Ma krokosmos und Mikrokosmos in enger Beziehung zueinander stehen bzw. sich spiegelbildlich gegenseitig offenbaren, gehört seit frühester Zeit zu den geistigen Erkenntnissen von Mystikern und spirituellen Forschern.

Vier wichtige Erzengel entsprechen zum Beispiel den vier Elementen und damit in gewisser Weise auch jeweils drei Tierkreiszeichen, die zu diesen Elementen gehören.
Es sind:

Feuer: Widder, Löwe, Schütze = *Michael* – Süden
Erde: Stier, Jungfrau, Steinbock = *Uriel* – Norden
Luft: Zwillinge, Waage, Wassermann = *Raphael* – Osten
Wasser: Krebs, Skorpion, Fische = *Gabriel* – Westen

Die Sternzeichenbilder des Himmels dienen als Grundlage für zahlreiche Zuordnungen zu menschlichen Tätigkeiten, ganzen Völkern, verschiedenen Entwicklungsstufen des Bewusstseins und so fort. Der Tierkreis der Astrologie hat die Bilder und Namen von zwölf Sternzeichen entlehnt – es gibt viel mehr am Himmel – und verwendet diese zwölf Zeichen als symbolische Ordnungsfaktoren für Horoskope. Für eine materialistische Weltanschauung und ein mechanistisches Menschenbild ist es Mode geworden, über Astrologie zu lächeln oder sie als

Aberglauben abzutun. Meist, weil man den Unterschied zwischen Zeitungshoroskopen, die ja lediglich der Unterhaltung dienen, und echten psychologisch-symbolischen Deutungen nicht kennt oder nicht kennen will.

Tatsache ist, dass die Tierkreiszeichen Teil des Weltbildes waren, auch in den Religionen! Sehr viele christliche Kirchen legen auch heute noch in ihren Kirchenfenstern, auf Reliefs, mit Figuren und auf Bildern davon Zeugnis ab. Interessant ist es, wie Tierkreiszeichen und ihre Bedeutungen sowie kalendarische Monate und ihre Zeit im Jahr auf verschiedene Engel und Erzengeln bezogen wurden bzw. welche Engel und Erzengel als Regenten der Tierkreiszeichen und Monate gelten. Lesern und Leserinnen, die mit Astrologie arbeiten oder mit dem bewussten Erleben von Monaten im Jahreslauf, mögen die folgenden Aufstellungen als Anregung dienen, selbst weiter zu erforschen, welche Engelkräfte sie in gewissen Zeiten des Jahres wirksam erspüren.

In der fundierten Sekundärliteratur (bei *Gustav Davidson*, der selbst an die eintausend Werke in seiner Bibliographie aufführt!) finden sich folgende Engel und Erzengel als Regenten der zwölf Tierkreiszeichen.

Die zwölf Tierkreiszeichen und zwölf Engelherrscher

- Widder (20.3.–19.4.): Machidiel (Malchidael); »Fülle Gottes«
- Stier (20.4.–20.5.): Asmodel; die Namensbedeutung ist unbekannt
- Zwillinge (21.5.–20.6.): Ambriel; ein »liebeerweckendes Lichtwesen«

- Krebs (21.6.–22.7.): Muriel, der Name stammt vom griechischen Wort »Myrrhe«
- Löwe (23.7.–22.8.): Verchiel; Wächterengel, Namensbedeutung unbekannt
- Jungfrau (23.8.–22.9.): Hamaliel; Namensbedeutung unbekannt
- Waage (23.9.–22.10.): Zuriel bzw. Uriel; Zuriel = »Mein Fels ist Gott«, Uriel = »Feuer Gottes«
- Skorpion (23.10.–21.11.). Darbiel; Namensbedeutung unbekannt
- Schütze (22.11.–21.12.): Adnachiel; Namensbedeutung unbekannt
- Steinbock (22.12.–20.1.): Anael bzw. Hanael/Haniel; »Herrlichkeit Gottes« und »der Gott sieht«
- Wassermann (21.1.–18.2.): Gabriel; »Gott ist meine Stärke«
- Fische (19.2.–19.3.): Barchiel; »Blitz Gottes«

Die Angaben zum ersten und letzten Tag eines Tierkreiszeichens können ab und zu von einem Jahr zum nächsten um einen Tag variieren, gemäß des scheinbaren Sonnenlaufs, des Einschubs eines Schaltjahres und der geringfügigen Abweichung des von Menschen gemachten Kalenders vom kosmischen Zyklus des Himmels. Die Regenten der kalendarischen Monate weichen übrigens von den Tierkreisengeln teilweise ab!

Die zwölf Kalendermonate und zwölf Engelherrscher

- Januar: Gabriel, »Gott ist meine Stärke«
- Februar: Barchiel (auch Barakiel), der »Blitz Gottes«, auch ein Herrscher des Planeten Jupiter, »Glücks-Engel«
- März: Machidiel; die »Fülle Gottes«, kann (irdische) Liebe gewähren

- April: Asmodel; ein aufrichtiges Lichtwesen (nach *Gustav Davidson* mitunter auch von zweifelhaftem Ruf), das früher zu den Cherubim zählte
- Mai: Ambriel; Beschützer vor dem Bösen, Herrscher der Nachtstunden
- Juni: Muriel; der Name bezieht sich auf das griechische Wort für Myrrhe, er soll helfen können, einen fliegenden Teppich zu erlangen
- Juli: Verchiel; Herrscher der Sinne, nach Papus Herrscher der Sonne
- August: Hamaliel; einer der Tugendfürsten
- September: Uriel oder Zuriel, Uriel; »Feuer Gottes« oder Zuriel »Mein Fels ist Gott«; Zuriel gilt auch als Heiler von Dummheit im Menschen
- Oktober: Barbiel, gehört zur Ordnung der Tugend und zu den Erzengeln im weiteren Sinne
- November: Adnachiel, gehört mit Phaleg zu den Herrschern des Engelreichs
- Dezember Hanael, Anael bzw. Haniel; »Herrlichkeit Gottes«, »Gnade Gottes« und »der, der Gott sieht«

ENTSPRECHUNG VON FARBEN ZU ZWÖLF TIERKREISENGELN

Mit den Farben, die bestimmte Engel entweder tragen oder ausstrahlen, aktivieren sie auch entsprechende Eigenschaften in uns. Nachfolgend eine Übersicht über besonders deutliche Energien, die von den jeweiligen Erzengeln ausgehen. Selbstverständlich sind damit nicht alle ihre Schwingungen und Kräfte beschrieben.
- Erzengel Machidiel in der Farbe Rot mit der Kraft des Willens
- Erzengel Asmodel in der Farbe Orangerot mit der Kraft der Nächstenliebe

- Erzengel Ambriel in der Farbe Rosa, Orange mit der Kraft des Schutzes
- Erzengel Muriel in der Farbe Bernstein, Grün, als Hüter der Kräfte
- Erzengel Verchiel in der Farbe Zitronengelb mit der Sonnenkraft
- Erzengel Hamaliel in der Farbe Gelbgrün mit der Kraft des Beherrschens
- Erzengel Zuriel in der Farbe Grün mit der Kraft der Fruchtbarkeit
- Erzengel Barbiel in der Farbe Blaugrün mit der Kraft der Bewegung und Veränderung
- Erzengel Adnachiel in der Farbe Rot, Violett mit der Kraft des Seins
- Erzengel Anael in der Farbe Rosé mit der Kraft des Lichtfunkens der Finsternis
- Erzengel Gabriel in der Farbe Weiß mit der Kraft des Empfangens
- Erzengel Barchiel in der Farbe Purpur mit der Kraft der Träumerei

6. Heilkrafthimmel und Heilkraftengel

Der Begriff Heilkrafthimmel bezeichnet spezielle himmlische Sphären bzw. kosmische Dimensionen, aus denen jene geistigen Lichtwesen mit besonderen Kräften wirken, die wir zusammenfassend Heilkraftengel nennen. Den Himmel erlebe ich zunächst als viele Lichtsphären oder als ineinanderfließende und ineinandergelagerte Dimensionen. Die neue Physik hat erkannt, dass es Räume und Felder gibt, Schwingungen und Quanten, die nicht genau lokalisiert werden können. Sie scheinen vielmehr überall und nirgendwo zu sein und sind offensichtlich weder ortsgebunden noch in der zeitlichen Dimension festgelegt. So verhält es sich, wie auch die Mystiker(innen) der Antike und die Seher(innen) der verschiedenen Religionen es beschrieben haben, auch mit dem Himmel. Er ist nicht an einem physikalischen, geographischen Ort lokalisierbar und auch nicht auf eine irdische Zeit festzulegen.

Versuchen wir es mit einem Bild, um das, was man eigentlich nur erleben kann, etwas anschaulicher zu machen. Stellen Sie sich vor, dass es eine riesige Bibliothek gibt, in der keine ledergebundenen Bücher mit vielen bedruckten Seiten in Regalen stehen, sondern in der spezielle Schwingungen an bestimmten Stellen besonders erfahrbar und spürbar sind.

Aus der göttlichen Perspektive ist die gesamte Lichtschöpfung eins, ein zusammenhängendes Ganzes, das nicht aufgetrennt und zerteilt werden kann – weil das Göttliche überall zu jeder Zeit gleich präsent und wirksam ist. Von unserem menschlichen Blickpunkt aus nehmen wir jedoch Schichten wahr, auch im Himmel. Da sind dichtere Schichten des Himmels, die zwar heller strahlen als wir es auf der Erde erleben, aber doch nicht nur aus Glanz zu bestehen scheinen.

Deshalb wirkt es für einen musikalischen Menschen, der am leichtesten über die Musikharmonie einen Zugang zum Überpersönlichen, zur Engelwelt, zur göttlichen Quelle gewinnen kann, so, als ob die Himmelssphäre oder Himmelsdimension, die er am besten erfassen kann, vor allem von Himmelsmusik durchdrungen wäre. Er befindet sich in der riesigen, symbolisch gemeinten Himmelsbibliothek unseres Bildes also an der Stelle, wo sich die lichte geistige Welt und die Erzengel in ihrer musikalischen Schwingung offenbaren.

Menschen, die mit reiner Absicht und in echter Verbindung mit der lichten geistigen Welt stehen und als Heiler(innen) tätig sind, bekommen vielleicht einen Zugang zu jenem Teil dieser Bibliothek, den man den Heilkrafthimmel nennen kann. Sie gelangen vielleicht in Kontakt mit den Heilkraftengeln. Sie dienen vielleicht als Übermittler von Heilbotschaften der Erzengel für andere Menschen, denen sie als Heiler(innen) beistehen sollen.

Wenn ich mich für den Heilkrafthimmel öffne und mir erlaubt wird, ihn visuell zu schauen, so erlebe ich ihn als ein weißes, hellblaues Spiel von Lichtwolken, das immer in Bewegung ist. Bitte ich um die Hilfe durch Heilkraftengel, lösen sich aus diesen Lichtwolken Lichtschwingungen, die als Lichtsäulen nach unten in die Erdsphäre schweben, um dort zu wirken.

Man kann den Heilkrafthimmel auch akustisch wahrnehmen. Es gibt Menschen, die ihn als Klangwolken erleben, aus denen einzelne Klänge deutlich unterscheidbar hervortreten. Die Existenz des Heilkrafthimmels und der Heilkraftengel kann man auch über andere feine Sinne wahrnehmen. Man kann Energiewolken spüren, aus denen einzelne Energiestrahlen kommen. Man kann ihn als Duftwolke wahrnehmen und verschiedene Düfte darin unterscheiden.

Heilkraftengel sind etwa menschengroße oder etwas kleinere Lichtgestalten in unterschiedlichen Farben. Sie zeigen sich überwiegend in männlicher Gestalt. Ich sehe sie – wenn ich oder andere in der Meditation oder beim Kurs bewusst an den Heilkrafthimmel angebunden sind – zunächst in einem zarten violetten Licht. Sozusagen unterhalb oder in diesem hell-violetten Lichtschimmer scheint ein feines grünes Licht, das die innerste geistige Heilkraft zum Ausdruck bringt und ausstrahlt.

Die Heilkraftengel schweben um die Menschen. Sie wirken gesammelt und sind klar fokussiert darauf, wie viel Heilkraft der Mensch anzunehmen bereit ist. Ich erlebe Heilkraftengel häufig so, dass sie drei Kugeln bei sich tragen, eine schwarze, eine gelbe und eine grüne. In der schwarzen Kugel absorbieren sie jene Beschwerden, die der Mensch bereit ist, loszulassen und abzugeben. Die Kraft der gelben Kugel hilft, den frei gewordenen Raum im Menschen weiter zu öffnen und für die Aufnahme der reinen Heilkraft vorzubereiten. Von der grünen Kugel strahlt dann die grüne Heilenergie des Himmels dort hinein, wo der Mensch bereit war, einen Teil (oder auch alle) Beschwerden freizugeben.

Es gibt unzählige Heilkraftengel. Nicht jeder Heiler und jede Heilerin hat automatisch Zugang zu diesen Heilengeln. Sie zeigen sich nur, wenn sich Heiler und Klient bewusst für die höheren geistigen Ebenen öffnen wollen und bereit sind, alle Egomotivationen aufzugeben. Auch wenn das nicht der Fall ist, mag es durchaus Heilwirkungen geben, weil die Heilkraftengel auf der Ebene des Unterbewusstseins und des Überbewusstseins wirken können.

Heilkraftengel sind auf ihre ganz selbständige Art und Weise tätig. Heiler brauchen keine Hände aufzulegen oder eine spezielle Vorgehensweise beachten. Heilkraftengel können Symbole überbringen, mit denen man während der Sitzung auf Anhieb vielleicht sogar wenig anfangen kann. Im Laufe der Zeit entfalten diese Symbole eine eigene Heilkraft.

Erzengel sind aufgrund ihrer Schwingung selbstverständlich auch mit den Energien der Heilkrafthimmel verbunden. Mit den göttlichen Botschaften, die sie zu überbringen haben, wirken sie zum Heil des Menschen.

Was ist nun der Unterschied zwischen der Arbeit der Heilkraftengel und der Erzengel? Die Heilkraftengel haben nicht im Blick, was der Mensch an Eigenschaften weiterentwickeln müsste, um heil zu werden. Ihre Aufgabe ist vielmehr, die göttliche Energieschwingung direkt auf den Körper und die Organe zu lenken. Sie arbeiten auf der überbewussten oder unterbewussten Ebene – wie man es betrachten möchte – und nicht mit der emotionalen und mentalen Bewusstseinsentwicklung des Menschen.

Die Erzengel dagegen fördern Heilung über die bewusste Auseinandersetzung des Menschen mit dessen eigenem Leben, mit dessen Lernaufgaben und Entwicklungsmöglichkeiten. Ein Beispiel: Erzengel Michael steht bekanntlich für die Qualität des Mutes im Menschen. Durch die Entwicklung von Mut kann der Mensch alles Belastende und Schmerzliche aus der Vergangenheit heilen. Insofern ist der Erzengel Michael auch heilmächtig. Durch seine Beziehung zum Blut wird er – eine entsprechende Bewusstseinsarbeit vorausgesetzt! – seine Heilkraft über das Blut auch auf die stoffliche, körperliche Ebene ausstrahlen lassen.

Im nächsten Kapitel beschreibe ich Heilgebete und Engelbotschaften, die sich bei bestimmten Beschwerdebildern besonders bewährt haben. So lassen sich die Ausführungen über die Heilkrafthimmel und Heilkraftengel auch praktisch umsetzen und anwenden.

7. Körperliche Beschwerden, seelische Hintergründe und Heilgebete mit der Engelheilkraft

Wir neigen in der modernen Zeit des technischen Fortschritts und der Machbarkeit bei körperlichen Beschwerden im Allgemeinen dazu, zunächst die Symptome zu sehen, uns dann um Zusammenhänge zwischen Schmerzen und Leiden auf der Ebene der Organe zu kümmern und schließlich jene medizinischen Behandlungsmethoden anzuwenden, die Erfolg versprechen. Der tiefere geistige Hintergrund ist lange Zeit nicht beachtet worden. Die Namen *Edward Bach* in England, *Louise Hay* in den USA und *Thorwald Dethlefsen* zusammen mit *Rüdiger Dahlke* in Deutschland sind mit einer neuen Bewegung verbunden, die das Augenmerk mehr auf psychosomatische und seelische Ursachen von Krankheiten richtet. Inzwischen ist weithin bekannt, dass es sinnvoll ist, bei Leiden, Schmerzen und Beschwerden ganzheitlich vorzugehen und neben der Behandlung akuter Symptome auch nach den Ursachen auf der mentalen und emotionalen Ebene zu forschen. Hinter fast jeder Krankheit verbirgt sich – so sagen uns die Engel – eine Form von Angst.

Sollten Sie auf einer Wasserader liegen oder unter dem Einfluss von Elektrosmog stehen, sollten Sie unter einer Medikamentenunverträglichkeit leiden oder an einem Arbeitsplatz, an dem Umweltgifte wirken und dergleichen mehr, stehen natürlich keine persönlichen Ängste hinter Beschwerden, sondern Umwelteinflüsse, die man jedoch, wenn man keine Angst davor hat, auch ändern kann. Zum Beispiel durch Umstellung des Bettes, Veränderung des Arbeitsplatzes und so fort.

Zur Frage, wie aufgrund von Angst Krankheiten entstehen können, möchte ich Ihnen ein Bild anbieten, das ich aus der Engelwelt erhalten habe. Stellen Sie sich vor, dass jeder Mensch so erschaffen wurde, dass er von Licht durchflutet wird, dass er offen ist für die geistigen Impulse des Himmels und die göttliche Führung, und dass er zugleich ganz dem Leben auf der Erde positiv zugewandt ist. Wenn diese Durchlichtung auf irgendeine Weise blockiert, verringert oder gestört ist, macht sich dieser Mangel an Lichtkraft in einem Organ oder an einem Körperteil durch Beschwerden bemerkbar.

Aber warum fließt weniger Licht? Schicken Gott und die geistige Welt, die Engel oder das höhere Selbst uns weniger Licht? Oder blockieren die Eltern, die Nachbarn, die Vorgesetzten unser Licht? Oder gar unsere Ahnen, frühere Leben? Wie entstehen Blockaden des Lichtflusses? Die Engelwelt gibt mir eine eindeutige Auskunft: Es sind unsere eigenen Ängste, die uns enger machen, die dazu führen, dass wir uns verkrampfen und in Mustern steckenbleiben. Diese Angstmuster führen zu Beschwerden und Leiden.

Dazu ein Beispiel aus meiner Praxis. Vor einiger Zeit hatte ich mit einer Dame zu tun, die gerade mit einer Gesangsschulung begonnen hatte. Ihre Lehrerin hatte mit ihr in den ersten Stunden daran gearbeitet, dass sich ihre Stimme überhaupt frei darstellen konnte, denn beide hatten erkannt, dass sie im Kiefer viel festgehalten, abgewehrt bzw. blockiert hatte. Diese Blockaden strahlten weiter aus auf ihren Nacken, Rücken und Bauch. In der Arbeit stellten sie fest, dass es eine Fülle von

Kindheitserlebnissen, Traumata, Missverständnissen und dergleichen gab, auf die sie mit Angstmustern reagiert hatte und die sich in ihrem Körper festgesetzt hatten. Durch Bewusstseinsarbeit und Engelheilgebete konnte sie sich für mehr Liebe und Freiheit im Hier und Heute öffnen. Sie spürte, wie fast buchstäblich mehr Licht in die betroffenen Körperzonen floss, wie sie sich entlastet und befreit fühlte und sich ihr inneres Liebespotenzial weiter entfalten konnte.

Angst ist eine Vorstellung, eine Projektion. Sie besitzt zwar eine subjektive Realität, aber keine objektive. Selbst bei der Angst vor Krebs, bei der Angst vor dem Sterben und dem Tod, handelt es sich immer um Vor-Stellungen, nicht um tatsächliche Wirklichkeit. Wir hegen Ängste, eben weil wir *nichts* Genaues und Gesichertes über das Sterben und das, was nach dem Tod kommt, wissen. Wir haben vielleicht Angst vor Krebs, obwohl oder weil wir nicht wissen, dass er überwunden werden könnte.

Angst ist nicht Ihr Feind, sondern ein Teil von Ihnen. Angst entsteht aufgrund von Erfahrungen, die sich in Gefühlen niederschlagen. Diese Gefühle speichern wir, so dass sie zu einem Teil unserer selbst werden. Angst hat auch eine hilfreiche Funktion. Dazu gleich mehr. Zunächst einmal: Da wir Angst in uns tragen, ob wir wollen oder nicht, geht es vor allem darum, dass sie sich nicht verselbständigt, dass sie sich nicht unnötig aufbläht und uns nicht unterdrückt. Angst darf nicht in Aggression umschlagen und wie mit einem Maschinengewehr wild und unkontrolliert alles um sich herum niederschießen. Angst darf aber auch nicht auf eine unmerkliche und umso hinterhältigere Art Macht über uns ausüben, indem sie uns klein, verzagt, hoffnungslos oder depressiv macht, weil sie uns einredet, dass wir nichts wert seien. Vor allem darf

Angst nicht dergestalt die Oberhand über uns gewinnen, dass wir Angst vor der Angst haben. Es gibt jedoch auch eine gesunde, berechtigte Angst. In ihr zeigen sich jene Angstimpulse, die unser Leben und Überleben sichern. An dieser Stelle beginnt die Bewusstseinsarbeit.

Nehmen wir an, dass wir uns als Kinder abgelehnt gefühlt haben. Daraus entwickelte sich die Angst, auch später im Leben abgelehnt zu werden. Wir sind an unserer Arbeitsstelle darauf bedacht, dass uns kein Kollege durch Ablehnung verletzt – weil wir die Ablehnung fürchten. Um der Ablehnung zu entgehen, werten wir lieber manche Kollegen ab und verhalten uns irgendwie aggressiv. Diese Art von Angst hat nichts mit einer berechtigten und gesunden Angst zu tun, die das Leben und das Überleben sichert.

Nehmen wir an, dass wir in einer uns unbekannten Gegend unterwegs sind, in einem Land, dessen Sprache wir nicht beherrschen. Auf dem Rückweg zu Fuß ins Hotel gelangen wir in einen dunklen Stadtteil, der uns nicht geheuer vorkommt. Der Weg dort hindurch wäre eine Abkürzung. Der Weg über die hell beleuchteten Straßen würde eine Viertelstunde länger dauern. Wenn wir über gesunde Lebensangst verfügen, meiden wir den dunklen Stadtteil und nehmen keine Abkürzung.

Jeder Mensch steht vor der Herausforderung, das Gleichgewicht zu bewahren zwischen Liebe und Licht einerseits und Angst und Dunkelheit andererseits. Wenn wir dieses Gleichgewicht nicht halten, kann uns die Schwere der Angst niederdrücken bis hin zur Ohnmacht. Aber auch ein Übermaß an nicht geerdeter Liebe kann uns in eine sentimental verklärte, vermeintliche Himmelshöhe erheben, die keinerlei Halt bietet.

Wenn wir eines Tages alle Ängste aufgelöst haben, besitzen wir keine Erdenschwere mehr und unser Lernaufenthalt auf der Erde ist nicht mehr nötig. Also: Verurteilen Sie sich bitte nicht selbst – und auch keine anderen Menschen – für ihre Ängste. Es geht vielmehr darum, dass gesunde Ängste ihren Platz in unserem Leben haben dürfen, wir aber darauf achten, uns nicht von Angstmustern manipulieren zu lassen und darüber unsere Entwicklungsschritte zu Liebe und Licht aufgeben.

Es war für mich interessant, von den Engeln zu hören, dass nicht nur alle körperlichen Beschwerden als Grundursache Ängste haben, sondern dass sogar alle Fragen auf Angst zurückgehen. Alle Antworten gründen auf Liebe, vor allem auf der Selbstliebe. Beschwerden sind also ebenso wie Fragen Angstimpulse, die der Entwicklung des Menschen dienen, denn sie führen naturgemäß zu Heilmethoden und zu Antworten, die von Licht erfüllt sind und in die Liebe münden.

Krankheiten und Heilmethoden, Probleme und deren Lösungen haben etwas gemeinsam: Die Auslöser sind Ängste, ihre Heilung und Auflösung gelingt durch Liebe. Der Prozess der bewussten Erkenntnis und Arbeit daran führt zu einem guten, individuell stimmigen Gleichgewicht.

Nachfolgend stelle ich Ihnen nun Heilgebete der Engel vor, wie ich sie für verschiedene Beschwerdebilder empfangen habe. Solche Heilgebete kommen gewissermaßen aus dem Heilkrafthimmel, den ich zuvor beschrieben habe. Wie gehen Sie mit diesen Gebeten am besten um?

Die Heilgebete

Nehmen Sie sich vor, drei Wochen hindurch an jedem Tag das entsprechende Gebet dreimal zu sprechen, morgens, mittags und abends. Sie sprechen das Gebet innerlich, geistig (also nicht laut), aber mit Hinwendung und einem Herzensgefühl.

Wenn es Ihnen möglich ist, Ihre innerliche Stimmung zu stärken, indem Sie eine Kerze oder ein Teelicht anzünden, umso besser. Das irdische Feuer kann nämlich nicht nur materielle Dinge verbrennen, sondern auch emotionales Leid!

Wundern Sie sich nicht, sondern seien Sie dankbar dafür, wenn während des Gebets oder kurz danach neue Erkenntnisse auftauchen, die sich unmittelbar oder indirekt auf Ihre Beschwerden beziehen. Heilung entsteht durch Erkenntnis im Verbund mit einem starken positiven Gefühl.

Nach den ersten drei Wochen sprechen Sie das Gebet weitere drei Wochen hindurch zweimal täglich. Danach in den letzten drei der insgesamt neun Wochen sprechen Sie das Gebet einmal täglich.

Geschieht eine Heilung vor Ablauf der neun Wochen, dann ist Ihr Prozess damit auch beendet, und Sie brauchen die Heilgebete nicht weiter zu sprechen. Eltern können Gebete für ihre Kinder sprechen.

Was bedeutet es jedoch, wenn keine deutliche Verbesserung eingetreten ist? Ich erlebe immer wieder, dass manche Menschen nach Kursen geradezu euphorisch sind über die Heilwerdung, die sie erleben. Und andere, die in genau denselben Kursen waren, spüren nichts und sind vielleicht etwas traurig oder lehnen die Hinwendung zu den Engeln sogar ab. Der Prozess der Heilwerdung und Ganzwerdung ist ein persönlicher Entwicklungsweg. Stellen Sie sich vor, dass jemand ein bestimmtes Ziel erreichen möchte, aber ganz langsam vorankommt, weil der Weg mal sehr steinig, mal sehr sumpfig ist. Jedes Mal, wenn er an eine neue Wegbiegung gelangt, hofft er, dass sich dahinter die Landschaft endlich öffnet und der weitere Weg leicht und schön ist – und wird dabei häufig enttäuscht. Und doch kommt dieser Mensch immer weiter voran, er kommt seinem Ziel immer näher. Sollte er denn jetzt umkehren, obwohl ihn der Weg immer näher an sein Ziel führt?

Für jeden Menschen reift der Tag heran, an dem er entweder den Durchbruch auf der äußeren Ebene erlebt und sein Ziel der Heilwerdung erreicht. Oder der Tag, an dem er sein inneres Ziel erreicht, sich und sein Leben ganz anzunehmen, auch dann, wenn eine körperliche Heilung (noch) nicht oder nicht vollständig erfolgt.

Selbstverständlich ersetzt die Heilarbeit mit Engelkräften keine vernünftige und seriöse medizinische Diagnose und Therapie! Die Engelarbeit kann jedoch Seele und Geist fördern, unterstützen und erfüllen und die Selbstheilungskräfte sinnvoll anregen.

Die Heilkraftengel empfehlen bestimmte Heilgebete, die in ihrer Formulierung auf unterschiedliche Symptome abgestimmt sind. Hinter Symptomen verbergen sich oft, wie inzwischen allgemein bekannt ist, emotionale bzw. mentale Probleme. Um neben einer normalen medizinischen Behandlung – zu der ich auch an dieser Stelle ausdrücklich rate – auch von der psychosomatischen Seite her die Heilung zu fördern, sind diese Gebete oft sehr wirksam. Die Engel betrachten den menschlichen Körper nicht in Einzelteilen, sondern als Ganzes. Heilkraftengel haben die Aufgabe, den Menschen die Heilkraftenergie pur zu überbringen. Da bei zahlreichen Beschwerden oft nicht nur jene Organe eine Rolle spielen, die einem einzigen Erzengel unterstehen, sondern die Bereiche von zwei oder mehr Erzengeln betreut werden, sind es nicht einzelne Erzengel, zu denen wir unsere Gebete bringen und die dann helfend eingreifen, sondern es sind die Heilkraftengel, die uns die Heilenergie senden. Die Erzengel spielen bei den Gebeten jedoch insofern eine Rolle, als sie – obwohl nicht namentlich genannt und angesprochen – für die Entwicklungsschritte auch auf der emotionalen und mentalen Ebene als Helfer zuständig sind.

Ich lege an dieser Stelle keine neue Liste von möglichen psychosomatischen Zusammenhängen vor, wie sie zum Beispiel sehr gut nachvollziehbar bei *Louise Hay* zu finden sind. Ich gebe nur kurze Hinweise, die Sie bitte in sich wirken lassen. Vermutlich fallen Ihnen zahlreiche Assoziationen ein.

Zum Thema Knochen könnten Sie sich fragen: Wie sieht es mit meinen Knieschmerzen aus? Bei Knieschmerzen steckt ganz tief im Menschen oft eine Angst vor dem nächsten Schritt. Also passt das Heilgebet, das Sie unter dem Stichwort Knochen finden. Oder Sie überlegen: ... Ich habe doch so oft Bauchschmerzen. Was ist denn damit? Der Magen ist der Sitz von ungelösten Emotionen, aus dem jetzigen Leben, aus der Kindheit, vielleicht sogar aus früheren Leben. Und auch hier ist das Heilgebet bzw. die kurze Heilaffirmation stimmig, die Sie beim Stichwort Magen finden.

A

Abszess (Vereiterung): Ausleitung; innere und äußere Reinigung; »Ich vergebe mir und bin im Frieden mit der Welt.«

Aids: Konflikt mit der Welt; Selbstannahme; »Ich lasse mich im Vertrauen fallen und bin frei für mein Entfalten.«

Akne: Abgrenzung; Beurteilung; »Mir steht meine Kraft zur Verfügung; ich ergreife mein Leben.«

Alkoholismus: Heilung des inneren Kindes; »Mein Leben ist reich an Liebe; ich gebe mir Freiraum.«

Allergien: immer Kampf; Unverträglichkeit; »Alles, was mir begegnet, ist erfüllt von Gottes Segen.«

Altern (vorzeitiges): Selbstaufgabe; »Ich richte mich auf und bin in meiner Kraft lichtdurchflutet.«

Alzheimersche Krankheit: sich abwenden; »Ich öffne mich für neue Horizonte; ich bin bereit.«

Amnesie (Gedächtnisstörung): emotionaler Schlag; »Meine innere Welt ist heil; ich bin für die Liebe des Lebens bereit.«

Amyotrophe Lateralsklerose (degenerative Erkrankung des motorischen Nervensystems): Durchlichtung; »Der wahre Heiler befindet sich in meinem Inneren. Ich schöpfe Kraft daraus.«

Angst: Ablehnung; »Der Himmel hat für mich gesorgt. Alles ist da.«

Anus (After): Loslassen; Entkrampfen; »Ich komme zur Ruhe und bin es mir wert, glücklich zu sein.«

Appetit (zu viel/zu wenig): Spannung; »Ich öffne meine Faust und gebe alles frei.«

Arme: Selbstunterschätzung; »Ich atme durch und höre nach innen. Was ist mein Ziel und meine Führung?«

Arterien: Stagnation; »Der Weltfrieden in mir.«

Arteriosklerose (Gefäßverhärtungen): Ablehnungen; »Alles im Leben unterliegt der göttlichen Ordnung. Alles ist gut in meinem Inneren.«

Arthritis deformans (Gelenkverformungen): innere Spannungen; »Ich kümmere mich um mich. Ich bin in meiner Liebe.«

Asthma: Abwehr; »Ich bin auf meinem Weg gesegnet. Ich gehe in mein Vertrauen.«

Asthma bei Kleinkindern: Existenzkampf; »Gott ruhet in mir. Ich habe Seelenfrieden.«

Atemwegserkrankungen: Lebensbejahung; »Ich spüre ein Ja zu allem, was da ist, und bitte um führende Kraft zu bevorstehenden Veränderungen.«

Aufstoßen: Erdung; »Ich komme zu Ruhe und lasse alles los.«

Augenprobleme: Lebenssinn erkennen; »Meine Wahrheit liegt in mir. Ich folge dem inneren Ruf.«

B

Bandscheibenvorfall: Leichtigkeit; Strenge; »Ich weiß, das Leben meint es gut mit mir. Ich erlaube den Engeln zu wirken.«

Bandwurm: innere Festigkeit; »Ich bin der Herr in meinem Haus und bin sicher in meinem Inneren.«

Bauchkrämpfe: Vertrauen; »Ich glaube an meine Stärke und weiß um meine Liebe Bescheid.«

Bauchspeicheldrüse: alte Erinnerungen; »Ich vergebe und bitte um Vergebung. Meine Liebe ist meine Kraft.«

Beine: Vorwärtsschreiten; »Ich treffe immer die für mich richtigen Entscheidungen und bin frei.«

Bettnässen: Angst; »Gottes Liebe erfüllt meine Seele. Ich werde geliebt.«

Bisse: Aggression; »Die Liebe wirkt durch meine Taten. Ich ziehe lichtvolle Dinge an.«

Blasenprobleme (-entzündung): emotionale Schwäche; akute Sorge; »Ich weiß, was ich kann, und ich wachse noch mehr.«

Blähungen: Unzufriedenheit; »Ich weiß, dass ich geführt werde, und folge meiner inneren Kraft.«

Blinddarmentzündung: Spannung; »Ich bin im Fluss und zufrieden mit mir selbst.«

Blut: innere Ruhe; »Ich bin bereit, vom Leben zu lernen; in Ruhe und Geduld.«

Bruch (Hernie): Spannung; »Ich lasse los und gehe in die Freiheit.«

Brustprobleme: Selbstannahme; »Gottes Liebe erfüllt meine Seele. Ich bin stark und frei.«

Bulimie: Verantwortung für sich selbst; »Es ist schön, erwachsen und unabhängig zu sein.«

C / D

Candida (Candidiasis): Stress; »Ich liebe das Leben und komme zu Ruhe.«

Darmerkrankungen: Vertrauen in sich; »Ich spüre die Liebe in meinem Inneren und nutze sie für mich.«

Depression: Zukunftsschau; »Ich vertraue auf meine Führung; alle Menschen lieben mich.«

Diabetes (Hyperglykämie, Zuckerkrankheit): Souveränität; »Ich tue das, was für mich richtig ist.«

Drüsen: Stauung; »Gottes Liebe erfüllt meine Seele. Ich lasse alles los. Ich lasse alles gehen.«

Durchfall: Selbstsicherheit; »Mein Weg ist frei, ich brauche ihn nur zu gehen.«

E

Eierstöcke: Wille; »Ich will, ich kann, ich erschaffe mein inneres Reich.«

Ekzem: emotionaler Schock; »Ich vergebe und lasse los.«

Emphysem (Lungenbläschen): innere Suche; »Die Liebe ist mein Zuhause; es ist alles erreicht.«

Encephalitis (Hirnhautentzündung): Verarbeitung; »Alles, was nicht meins ist, lasse ich los.«

Endometriose (Unterleib): Neubeginn; »Mein Weg geht weiter; ich folge dem lichtvollen Sinn.«

Entzündung: Greuel; »Nichts ist stärker als die Kraft in mir. Göttliche Führung ist meine Kraft.«

Epilepsie: Lebenswille; »Ich nehme meinen Weg und meine Berufung an.«

Epstein-Barr-Virus: Unsicherheit; »Ich strecke mich zum Himmel und ergreife meine Kraft.«

Erbrechen: Furcht; »In Gottes Händen eingehüllt gestalte ich meinen Weg.«

Ermüdung: Bewusstsein; »Ich weiß, wer ich bin; ich weiß, was ich kann; ich bin sicher in mir.«

F

Fehlgeburt (Abgang): Lebensplatz; »Ich definiere mein Leben neu und öffne mich für meinen Lebenssinn.«

Fieber: Geduld; »Gottes Liebe durchströmt meinen Körper. Ich bin im Licht.«

Finger: die Kraft in dir; »Ich packe die Dinge an und steuere aus der inneren Ruhe.«

Frigidität: Lebensfreude; »Ich nehme die Begeisterung offen an.«

Füße: der nächste Schritt; »Mein Weg ist frei; ich lebe darin.«

G

Galle: Lebendigkeit; »Ich lasse alles los und begegne dem Leben.«

Gebärmutter: Weiblichkeit; »Ich hüte meine Sanftheit und nehme die Liebe an.«

Geburt: Hingabe; »Ich freue mich auf das Ereignis und nehme es an.«

Gehirn: Verarbeitung; »Alles in göttlicher Ordnung ist wahrhaftig; ich lasse meinen Gedanken freien Lauf.«

Gelenke: Erfüllung; »Ich setze mir neue Ziele und arbeite darauf hin.«

Genitalien: Ausdruck; »Der Ausdruck meiner Persönlichkeit ist Anmut und Kraft.«

Geschlechtskrankheiten: Selbstablehnung; »In mir ist der Frieden dieser Erde. Ich lebe in Liebe und Gelassenheit.«

Gesicht: Lebensschau; »Ich schaue in den Horizont und nehme meines an.«

Gicht: Stagnation; »Eine neue Kraft erfüllt mich. Begeisterung ist meine Antriebskraft.«

Gürtelrose: seelische Spannung; »Friede und Vergebung ist meine Kraft.«

H

Haar: Wachstum; »Ich erweitere meinen Horizont. Ich bin klar.«

Halsschmerzen: Austausch; »Ich teile mich mit und erkenne meine Kraft.«

Haut: mangelnde Abgrenzung; »Ich bin mit dem Kosmos verbunden und finde meine Sicherheit in mir.«

Hände: Vertrauen; »Ich spüre Vertrauen in das Leben und bin in meiner Gelassenheit dabei.«

Herz: Liebe; »Gottes Liebe erfüllt meine Seele. Ich nehme die Liebe an.«

Herpes: innere Stärke; »Ich weiß, was ich tue. Der Frieden ist mein Weg.«

Hodgkinsche Krankheit (Lymphdrüsenkrebs): im Fluss zu sein; »Ich lasse los, ich vergebe. In meiner Wahrheit bin ich frei.«

Hohlrundrücken: aufgerichtet sein; »Ich bin mir meiner Selbst sicher. Das Vertrauen ist meine Kraft.«

Hüfte: Stabilität; »Ich tue Gutes und erhalte es auch.«

Hypophyse: Wachsamkeit; »Ich bin in meinem Leben frei und entfalte mich dabei.«

I

Impotenz: innere Stärke; »Ich glaube an mich und an meine Gaben. Ich liebe mich.«

Inkontinenz: Unsicherheit; »Für alles ist gesorgt, ich nutze diese Hilfe.«

Ischias: Sicherheit; »Ich weiß, was zu tun ist, und bin entspannt dabei.«

K

Kehlkopfentzündung: Ausdruck nach außen; »Das, was ich mir wünsche, vertrete ich souverän, liebevoll und klar.«

Kieferprobleme: Altes ablegen; »In Gott liegt mein Vertrauen.«

Kinderkrankheiten: Immunität; »Heiliges Licht fließt durch meinen Körper. Ich stärke mich darin.«

Knochen: Sicherheit; »Ein Schritt nach dem anderen vollzieht sich in mir. Die Stärke liegt in mir.«

Knochenmark: Urvertrauen; »In Gottes Führung will ich leben. Ich bin frei.«

Kopf: Klarheit; »Ich verfolge meine Ziele und bin sehr klar dabei.«

Körpergeruch: Unerträglichkeit; »Ich öffne meine Faust und erlebe Frieden in mir.«

Krampfadern: Spannung; »Ich schenke Vertrauen und ernte es.«

Krebs: Hilfeschrei; »Ich verändere meine Lebensrichtung und lebe danach.«

Krupp-Husten: Auseinandersetzung; »Die Welt ist heil; ich bin sicher darin.«

L

Lähmung: Sprachlosigkeit; »Ich gehe nach innen und erlebe mich neu.«

Lebensmittelvergiftung: emotionale Abwehr; »Ich bin schön. Ich bin stark.«

Leber: Kampf; »Es gibt keine Feinde für mich, denn jeder liebt mich auf seine Weise.«

Lungen: Existenz; »Ich erlerne Vertrauen neu und bin sehr aufmerksam dabei.«

Lymphe: Lebensfluss; »Nichts kann mich erschüttern, denn Gottes Kraft ist stark.«

M

Magenprobleme: Ereignisse verdauen; »Ich lasse los, denn ich bin frei.«

Magersucht: Selbstsicherheit; will nicht erwachsen werden; »Die Liebe, welche ich brauche, kann mir nur die himmlische Anbindung geben.«

Meningitis (Hirnhautentzündung): individueller Weg; »Nur ich kann mir sagen, was mein Weg ist.«

Milz: Zukunftsorientierung; »Was bietet mir das Leben? Ich bin bereit!«

Multiple Sklerose: innerer Schrei; Lebenssinn; »Ich bin bereit für einen Neuanfang, ich öffne mich darin.«

Mund: Mitteilung; »Die ganze Welt soll mich hören, ich teile mich mit.«

Muskeln: Lebensweg; »Ich lebe das, wofür ich geboren bin, und erweitere meinen Horizont.«

N

Nacken: Leichtigkeit; »Ich atme tief durch und lächle über jede Tat.«

Nase: Wahrnehmung; »Meine Welt ist heil, und nur Gutes kommt auf mich zu.«

Nägel: Ergriffenheit; »Die Schönheit umgibt mich und lebt aus meinem Inneren.«

Nebennieren: positiver Stress; »Ich achte auf meine Kraftreserven und übernehme mich nicht.«

Nerven: Ausdauer; »Ich gebe mein Ziel nicht auf, sondern bewege mich geduldig dahin.«

Nieren: innere Weisheit und Weiblichkeit; »Alles, was war, ist in Ordnung, weil es vorbei ist.«

O / P

Ödem (Wasseransammlung): Sammler; »Sicherheit kann man nicht besitzen, sondern wahrhaftig spüren.«

Ohren: Offenheit; »Ich nehme das an, was wahrhaftig göttlich ist, und lasse alles andere an mir vorbeiziehen.«

Parasiten: geschwächtes System; »Ich weiß, was ich brauche, und in Demut schenke ich es mir.«

Prämenstruelles Syndrom: Hingabe; »Ich weiß um meine Kraft und kann mich darauf verlassen.«

Prostata: Selbstsicherheit; »Ich erlebe alles, was für mich wichtig ist.«

R

Reisekrankheit: Freude; »Ich bin entspannt und im Hier und Jetzt.«

Rücken: Ernsthaftigkeit; »Ich lasse mich vom Fluss des Lebens tragen.«

Ruhr: Opferhaltung; »Ich weiß, alles im Leben hat seinen Sinn. Ich beobachte mich dabei.«

S

Scheide: Weiblichkeit; »Ich stehe zu dem, was ich tue.«

Schilddrüse: Durchsetzungsvermögen; »Ich lebe das, was ich will, und teile es mit.«

Schlaflosigkeit: Frieden; »Ich begebe mich in Gottes heilende Hände und nehme Vertrauen an.«

Schleimbeutelentzündung: Gedankenkraft; »Ich korrigiere meine Glaubenssätze und lebe frei.«

Schnarchen: Gelassenheit; »Mein Körper ist leicht, ich lasse alles los.«

Schwindel: Hilflosigkeit; »Ich lebe die Lebensfreude in mir und teile sie mit.«

Steifigkeit: geistige Beweglichkeit; »Ich lebe das, woran ich glaube.«

Sterilität: Neubeginn; »Ich habe viel erreicht und erlebt. Ich will einen Neubeginn.«

Stottern: Selbstwahrnehmung; »Alles, was ich tue und sage, ist erfüllt von Liebe und Optimismus.«

Süchte: Selbstliebe; »Gottes Liebe erfüllt meine Seele, ich liebe mich.«

T

Taubheit (Empfindungslosigkeit): Verschlossenheit; »Ich öffne mich für die neuen Gaben. Ich bin nicht allein.«

Teilnahmslosigkeit (Apathie): Schock; »Nichts kann mein Leben beeinflussen, alles Vergangene ist vorbei.«

Trauer: Vergebung und Loslassen; »Ich bin im Frieden mit mir und mit Gott.«

Tuberkulose und Sarkoidose: alte Lasten; »Ich bin im Frieden mit mir selbst.«

Tumore: Übernahme von fremden Lasten; »Alles, was in reiner Liebe ist, darf mir helfen, alles, was nicht in reiner Liebe ist, muss dorthin zurückkehren, wo es herkam oder nach oben in das Licht schauen und den Engeln folgen.«

U

Unfälle: Unachtsamkeit; »Ich segne meinen Weg und gehe in Gottvertrauen.«

Übelkeit: emotionale Abwehr; »Alle lieben mich, die ganze Welt ist für mich da.«

Überaktivität: gefallen wollen; »Ich bin schön, ich bin liebenswert, ich habe nie versagt.«

V/W

Venenentzündung: innerer Fluss; »Ich erkenne meinen Weg und mich selbst darin.«

Verstauchung: Lebenssituation überdenken; »Nur ich bestimme meine Lebensrichtung und schaue in mein Inneres.«

Verstopfung: Unsicherheit; »Ich kümmere mich um mich und bin mit Freude dabei.«

Virusinfektion: am Lebensthema vorbeileben; »Ich erinnere mich an meinen wahren Herzensruf und gebe diesem Raum.«

Vitiligo (Weißfleckenkrankheit): Dauerstress; »Der Himmel wirkt in mir. Die Selbstliebe ist meine Heilung.«

Wechseljahresbeschwerden: Durchlichtung; »Ich bin schön, ich bin heil, ich stehe im Licht.«

Wirbelsäule: Lebensbejahung; Erfolg; »Ich lebe das, wofür ich angetreten bin.«

Z

Zähne: Kraft; »Alles, was für mich richtig ist, werde ich erreichen.«

Zehen: Standhaftigkeit; »Ich lebe das, was ich bin.«

Zellulitis: Stagnation; »Ich bin leicht und beweglich wie der Wind.«

Zunge: Empfindung; »Ich gebe meinen Gefühlen freien Lauf.«

8. Engel und Aurafarben

Die Aura ist eine feinstoffliche, meist unsichtbare Schwingung oder Energiehülle um den Menschen. Sie spiegelt den seelischen, geistigen und körperlichen Zustand der Person wider. Man kann an ihr auch die spirituelle Anbindung des Menschen an das Göttliche erkennen. Erzengel Jophiel sagt, dass die Aura des Menschen ein Ausdruck der göttlichen Energie auf der irdischen Ebene ist.

Die Aura ist von Person zu Person unterschiedlich groß bzw. weit ausgedehnt. Ich erlebe, dass die Aura von vielen Menschen oft ungefähr einen Meter um den Körper herumreicht. Je mehr ein Mensch sich für heilsame Kräfte öffnet und bewusst auch an der eigenen ganzheitlichen Heilwerdung arbeitet, desto mehr lichte Schwingungen nimmt er auf und umso weiter dehnt sich seine Aura aus – bis zu etwa zwei Metern. Je intensiver sich ein Mensch für die lichten geistigen Welten öffnet – und dabei seine Erdung und Integrität bewahrt –, desto transparenter wird seine Aura. Sie kann sich dann sogar etwa drei Meter weit ausdehnen.

Wenn die Aura eher wolkig ist, hat das etwas anderes zu bedeuten, als wenn sie strahlend und klar ist. Im ersten Fall ruht der Mensch mehr in sich; im zweiten Fall wendet er sich aktiver nach außen. Die Aura verändert und verkleinert bzw. vergrößert sich je nach Zustand der Person. Je deutlicher ein Mensch vom Herzen lebt, desto weiter und strahlender ist seine Aura.

Anhand der Farbintensität – ob schwach oder stark – kann man Stärken und Schwächen ablesen. Reine Farben zeigen eine eher optimistische Einstellung an; vermischte oder schmutzige Farben einen eher pessimistischen Zustand. Grüntöne in der Aura weisen auf das Thema Heilkräfte hin; Blau auf das Thema Ruhe; Gelb auf das Thema Offenheit für Neues; Rottöne auf das Thema Mut und Energie. Allerdings gibt es keine Patentrezepte oder Allerweltsformeln, um einfach und schnell sachlich richtige Deutungen der Farben wie aus einer Tabelle abzulesen.

Am Beispiel Rot:
- Ein kräftiges warmes Rot kann anzeigen, dass der Mensch die Kraft des Mutes ausstrahlt.
- Ein kaltes Rot kann auf Ängste hinweisen.
- Ein schwärzliches Rot kann Mangel an Wahrhaftigkeit und verborgene Motive anderer oder auch sich selbst gegenüber bedeuten.
- Ein helles, sauberes und warmes Rot kann anzeigen, dass der Mensch bereit ist, vorwärtszugehen.
  Nur durch die Praxis lernen wir, diese und noch viel feinere Unterscheidungen zu machen.

Engel können sich auch auf symbolische Weise über bestimmte Farben mitteilen, die man in manchen Fällen auch in der Aura sehen kann. Nachfolgend einige Informationen, die Erzengel Jophiel mir zu zwölf Farbtönen mitgeteilt hat.

1. Blau
Der Mensch spürt tiefe Ruhe in sich.

2. Ultramarin
Der Mensch kann seine mitgebrachten Heilkräfte aus dem Vertrauen heraus jetzt nutzen.

3. Violett
Der Mensch besitzt eine starke geistige Anbindung.

4. Purpur
Der Mensch besitzt eine geistige Begabung, die er durch seine hohe geistige Anbindung umsetzen kann.

5. Rot
Der Mensch steht mutig und kraftvoll im Leben.

6. Orange-Rot
Der Mensch hat Mut und Kraft, die Dinge umzusetzen.

7. Orange:
Die persönliche Stärke des Menschen liegt in der Lebensfreude.

8. Gelb:
Der Mensch ist offen für das Neue, das auf ihn zukommen möchte.

9. Gelbgrün (Lemon)
Der Mensch hat seinen Blick auf die innere persönliche Heilung gerichtet.

10. Maigrün
Der Mensch ist bei sich selbst angekommen und spürt das Zuhause im Inneren.

11. Grün
Der Mensch achtet auf einen heilsamen Umgang mit sich selbst.

12. Türkis (Grünblau)
Der Mensch trägt die Bereitschaft zum höheren Göttlichen in sich.

Die Aurafarben des neuen Zeitalters

Regenbogenfarben

Regenbogenfarbene Aura besitzen die meisten Menschen. Sie sagt aus, dass der Mensch alle Eigenschaften in sich vereint, die er für die Erfüllung seiner Lebensaufgaben benötigt. Die Farbe, welche sich im Moment des Schauens besonders auffällig zeigt, spiegelt die Kraft, die dieser Mensch heute besonders nutzt oder braucht.

Menschen, die eine regenbogenfarbene Aura haben, befinden sich ebenfalls in der Entwicklung wie alle anderen auch, nur dass bei ihnen weitere Farben hinzukommen können. Hat ein solcher Mensch durch seine Handlungen besonders viele Heilkräfte entwickelt, so kann sich dies in seiner Aura durch eine hellgrüne Strahlung zeigen usw.

Indigo (eine Art von Blauviolett)

Indigofarbe kann sich in der Aura auf drei verschiedene Arten zeigen. Ich sehe einen indigofarbenen Kreis um den Menschen ganz nah am Körper, d. h. in der Innenaura oder in der Mitte der Aura oder am Rand der Aura, d. h. in der Außenaura. Dabei zeigt sich der Rest der Aura lichtblau.

Wenn der Indigokreis sich nah am Körper zeigt, so bedeutet das, dass dieser Mensch starke Sensibilität besitzt und diese auch beruflich nutzen wird.

Zeigt sich der Indigokreis in der Mitte der Aura, so hat dieser Mensch die Wahl, ob er seine vorhandene Sensibilität eher materiell, z.B. als ein Arzt, der medikamentös arbeitet, oder z.B. als ein Heiler, der feinstofflich arbeitet, nutzen will.

Bei einem Indigokreis in der Außenaura hat der Mensch eher das Bedürfnis zur Veränderung und Rebellion.

Kristallblau (wie ein helles Aquamarin)

Menschen mit kristallblauer Aura sind noch eine Stufe sensibler als diejenigen mit einer Indigoaura. Ihre Aura strahlt ausschließlich in Kristallblau. Bei diesen Menschen überwiegt immer der Bezug zum Feingeistigen. Die Kraft ihrer Kristallaura wirkt sich auch deutlich auf den Körper aus, z.B. können bei ihnen die schulmedizinischen wie auch die naturheilkundlichen Medikamente anders als erwartet wirken. Die Medikamente wirken nur, wenn sie perfekt und eher niedrig dosiert werden. Die Lernfähigkeit ist bei Indigo- wie auch bei Kristallmenschen anders ausgeprägt, d.h. Pädagogen z.B. müssen zu ihnen einen anderen, eher künstlerischen, sinnerfüllten und persönlichen Zugang finden etc.

Rosé (wie Rosenquarz)

Die Farbe Rosé in der Aura oder im Schutzengel symbolisiert die neue Heilgabe unserer Zeit. Sie bedeutet, dass dieser Mensch, ganz gleich was er beruflich ausübt, auf andere durch hohe Liebeskraft heilsam wirkt. Diese Menschen sind noch sensibler als jene mit der Kristallaura. Meistens wird alles, was sie anpacken, zum Erfolg, weil sie aus tiefer Liebesfähigkeit heraus wirken.

Hellgrün (wie ein helles Lindgrün)

Hellgrünes Licht in der Aura ist in unserer Zeit noch eher selten. Menschen, deren Aura oder Schutzengel ganz hellgrün sind, tragen eine besonders geistige Heilgabe in diese Erde. Ihre Augen sind wie die der hohen weisen Menschen oder Gelehrten, und gleichzeitig sind sie sensibler und stärker in ihrem geistigen Wirken als alle bisherigen Aurafarben. Diese Menschen fallen sehr aus der Norm durch ihr Aufnehmen von Dingen und Mitteilungen, und doch sind sie nicht gegen die übliche Art, wie wir das Leben gestalten. Sie sind die zukünftigen führenden Heiligen in allen menschlichen Bereichen.

Die Engel sagen, dass sich auch in Zukunft die Aurakräfte des Menschen verändern werden. Dies hängt von der menschlichen Entwicklung auf dieser Erde und ihren Bedürfnissen ab.

Anleitung zum Aurasehen

Aurasichtigkeit heißt, in die feinstofflichen Ebenen zu schauen, mit reinem Blick und ohne jede Bewertung. Prinzipiell ist es jedem Menschen möglich, die Aura zu sehen. Nachfolgend beschreibe ich eine einfache, allererste Anfängerübung. Bitten Sie zu Beginn die lichte geistige Welt um Hilfe und Führung. Und entscheiden Sie sich klar dafür, integer mit den Erfahrungen umzugehen, die Sie vielleicht bekommen.

- Blicken Sie auf die Brustmitte eines anderen Menschen, der freiwillig bei dieser Übung mitmacht.
- Weiten Sie Ihren Blick so, dass Sie nicht nur die Brustmitte, sondern auch beide Körperseiten links und rechts wahrnehmen.

- Danach lassen Sie Ihren Blick noch weiter werden, so dass Sie die Schultern und Arme und die Ränder der Kleidung beobachten.
- Nehmen Sie wahr, wie die Farben der Kleidung aussehen und strahlen.
- Lassen Sie Ihren Blick ruhig und stetig und stellen Sie fest, ob sich das, was Sie wahrnehmen, verändert oder nicht. Viele Menschen merken bei diesem Schritt, dass sie mehr und mehr feinstoffliche Schwingungen, Energien oder sogar Farben sehen bzw. spüren.
- Achten Sie bitte darauf, ruhig zu atmen und gelassen zu bleiben.
- Nun führen Sie Ihren Blick gezielt im Uhrzeigersinn um den ganzen Körper herum. Sie werden so etwas wie einen Glanz wahrnehmen oder Wasserwellen, die auch farbig getönt sein können. Sie werden vermutlich auch sehen, wie weit sich diese transparente Ausstrahlung um den Körper herum ausdehnt. Sie werden vielleicht auch spüren, wie es dem anderen Menschen geht, welche Schwingungen ihn derzeit bewegen, und manches mehr.

9. Erzengel geben Antworten

Nehmen wir an, Sie fragen: Soll ich meine Arbeit kündigen und mir eine neue suchen? Die Engel geben Ihnen dann in den allermeisten Fällen den Impuls: Schaue und spüre in dich hinein. Fühlst du dich froh, erleichtert, bekräftigt, wenn du die bisherige Stelle aufgibst und eine neue suchst – und vor allem, spüre, ob du noch etwas lernen kannst. Oder fühlst du, dass du nichts Neues mehr lernen kannst und dich nicht weiterentwickelst durch eine neue Arbeit. In diesem Fall ist das erste Gefühl – sich vielleicht erleichtert zu fühlen – als Signal der emotionalen Ebene durchaus ein wichtiges Zeichen. Wesentlicher ist jedoch der Impuls, der dann wirklich von der Engelebene bzw. aus einer lichten geistigen Welt kommt, ob Sie etwas dazulernen und sich weiterentwickeln können.

Ein zweites Beispiel. Sie fragen Ihre Engel: Soll ich die Beziehung zu ... vertiefen und mit diesem Menschen zusammenziehen? Als erste Reaktion spüren Sie vielleicht auf der psychosomatischen Ebene einen Druck im Bauch oder eine Enge im Herzraum. Das sind zwar wichtige Hinweise, aber noch keine Engelantwort. Die Engel werden Ihnen wahrscheinlich Ihre eigene Frage auf andere Weise zurückgeben: Beantworte dir selbst die Frage, was du wirklich möchtest und wo du in fünf oder zehn Jahren sein willst. Kannst du das mit diesem Menschen vereinbaren?

Sie können den Engeln alle Fragen stellen, wirklich alle. Jedoch: Sie selbst haben und behalten die Verantwortung für Ihr

Leben, für Ihre Entscheidungen. Die Engel werden Ihnen auch auf weltliche Fragen Antworten geben, die jedoch kein »Ja« oder »Nein«, kein »Du sollst« oder »Du darfst nicht« beinhalten. Vielmehr geben Ihnen Ihre Engel Hinweise zu Ihrer weiteren persönlichen und geistigen Entwicklung im Inneren (!). Alle Antworten, die Ihnen die Erzengel für Ihre persönliche Entwicklung durchgeben, basieren auf der Entwicklung zum Wohle der ganzen Menschheit. Daraus ergeben sich Folgerungen für das äußerliche Leben.

ÜBERMITTLUNG VON ENGELBOTSCHAFTEN DURCH ENGELMEDIEN

• Klarheit und Tiefgründigkeit einerseits, Leichtigkeit und Lebensfreude andererseits sind wichtige Eigenschaften eines seriösen Engelmediums.

• Je natürlicher und einfacher Engelbotschaften sind, umso authentischer sind sie meist.

• Die Antworten müssen präzise sein, dürfen jedoch den Freiraum der Eigenverantwortung des Fragestellers nicht einschränken.

• Der Sinn der Frage des Menschen und der Sinn der Engelantwort müssen im Vordergrund stehen, nicht die medialen Fähigkeiten des Mediums oder gar eine psychologische Dominanz gegenüber dem Klienten.

• Die Engelbotschaften sollen mit Vertrauen in Berührung bringen, nicht aber Sorgen oder Spannungen auslösen.

• Am besten wäre es in der Regel (Ausnahmen gibt es natürlich), wenn Sie selbst lernen, Ihre eigene Engelbotschaften für Ihr persönliches Leben zu empfangen.

Wesentliche Fragen, die viele Menschen betreffen und die in meinen Seminaren und Ausbildungslehrgängen immer wieder auftauchen, habe ich den Erzengeln vorgelegt und sie um Botschaften dazu gebeten.

Ich möchte Sie dazu einladen, die Fragen und die Antworten der Erzengel so zu lesen, als ob Sie selbst eine ganz persönliche Engelbotschaft und Engelberatung empfangen.

FRAGEN ZU VERGANGENHEITSBEWÄLTIGUNG, GEGENWARTSWAHRNEHMUNG UND ZUKUNFTSGESTALTUNG

Ich erlebe es so, dass vor allem Erzengel Michael Kraft zum Verstehen der Vergangenheit und deren Bewältigung gibt. Erzengel Raphael gibt insbesondere Führung für die Gegenwart und wie wir sie richtig wahrnehmen. Erzengel Gabriel schließlich ist bekannt als Engel der Verkündigung; er weist auf den Sinn und die Chancen der Gestaltung von Zukunft hin. So sind es diese drei Erzengel, von denen ich Antworten auf die folgenden Fragen erhalten habe.

FRAGE:

Ich fühle mich noch immer belastet durch meine Eltern und Vorfahren, durch die Geschichte des Landes, in dem ich aufgewachsen bin. Wie kann ich mich davon befreien?

ANTWORT DER ERZENGEL:

Besinne dich auf deine Gegenwart, auf das Leben, das du jetzt führst. Widme diesem Hier und Jetzt den Hauptteil deiner Zeit, Energie und Liebe. Entwickle mehr Verständnis für die früheren Zeiten und Lebensumstände. Aus ihnen lässt sich meist erklären, warum sich die Menschen damals anders verhalten haben, als wir es erwarten oder uns wünschen würden. Beschäftige dich, wenn du das nicht schon getan hast, mit Vergebungsarbeit und Vergebungsgebeten. Rücke sie indes nicht ins Zentrum deines Alltags. Entwickle mehr Vorfreude auf die Zukunft. Öffne dich für all das Schöne, Neue und Wundervolle, das in jedem neuen Augenblick auf dich wartet.

FRAGE:

Ich weiß, dass ich sicher vieles richtig und gut, aber eben auch manches falsch und schlecht gemacht habe in meinem bisherigen Leben. Wie kann ich das wieder geraderücken, falls das überhaupt möglich ist? Und wie kann ich mich von Schuldgefühlen befreien?

ANTWORT DER ERZENGEL:

Übe das Vergebungsgebet zur Stärkung der Selbstliebe: »Ich bin schön, ich bin liebenswert, ich konnte damals nicht anders handeln.« Fahre dann immer mit dem zweiten Teil fort: »Ich kann (und soll) aber jetzt neu und anders handeln.«

FRAGE:

Wie kann ich positiven Einfluss auf die Zukunft nehmen?

ANTWORT DER ERZENGEL:

Durch Segnung. Segne Menschen und Umstände, Dinge und Situationen. Der Vorgang der Segnung wirkt wie ein Weichenstellen. Und bleibe in deiner Wahrnehmung ganz im Jetzt.

FRAGE:

Wie prägt die Vergangenheit einen Menschen?

ANTWORT DER ERZENGEL:

Der Mensch lernt das Menschsein vom Menschen. Erziehung und Umfeld spielen eine Rolle, selbstverständlich. Genauso wichtig ist jedoch, wie intensiv, auf welche Weise und wie aufrichtig sich ein Mensch um Liebe und Wahrheit bemüht hat. Unsere Vergangenheit beeinflusst unsere positive bzw. negative Weltanschauung.

FRAGE:

Was sind die Kräfte zur Vergangenheitsbewältigung?

ANTWORT DER ERZENGEL:

Mut, Verständnis, Begreifen und durchaus auch Verstehen auf der intellektuellen Ebene.

FRAGE:

Was sind die Kräfte der Gegenwartswahrnehmung?

ANTWORT DER ERZENGEL:

Achtsamkeit durch wahre Selbstliebe.

FRAGE:

Was sind die Kräfte der Zukunftsgestaltung?

ANTWORT DER ERZENGEL:

Freude und Zuversicht.

FRAGEN ZU VERÄNDERUNGEN IM LEBEN SOWIE GEBURT UND TOD

Zielgerichtete positive Veränderungen im Leben brauchen Klarheit im göttlichen Sinne. Veränderungen sollten auch zu einer emotionalen und seelischen Befreiung führen. Diese drei Aspekte von Klarheit, Reinheit und Befreiung fördert besonders der Erzengel Uriel von Geburt an, das gesamte Leben hindurch, und bis über den Tod hinaus.

FRAGE:

Ich habe Angst vor dem Tod. Wie kann ich sie überwinden oder zumindest lindern?

ANTWORT DER ERZENGEL:

Indem du geistiges Wissen über das Jenseits erwirbst und dir die Segnungen des Lebens bewusst machst.

Zu den Phasen des Sterbeprozesses, des Übergangs, zum Aufenthalt in den Astralwelten, zur Selbstfindung im Jenseits und zur Lebensrückschau mit deinem Schutzengel gibt es fundierte Informationen, die du teilweise nachlesen und teilweise in eigenen Kontakten zur lichten geistigen Welt erlangen kannst.

FRAGE:

Wenn sich große Umbrüche vollziehen, wie jetzt die sogenannte Weltwirtschaftskrise: Was sagen die Engel dazu? Wie kann man als kleiner einzelner Mensch damit klarkommen?

ANTWORT DER ERZENGEL:

Wende- und Krisenzeiten sind Herausforderungen, aber vor allem auch ungewöhnlich gute Chancen, um echtes Urvertrauen in die eigene geistige Führung zu entwickeln bzw. zu vertiefen. Es geht jetzt darum, die eigene Existenz und eigene Persönlichkeit durch ein flexibles Denken auf diese neuen Chancen einzustimmen.

Angst vor Krisen ist gleichbedeutend mit Angst vor dem Leben. Angst vor dem Leben hängt zusammen mit der Angst vor dem Tod. Dahinter steht die Sorge, dass wir im Nichts verschwinden, wenn wir loslassen – wirklich loslassen von Ichvorstellungen und Egowünschen. Hilfen sind, dass du neues Vertrauen entwickelst, dass es immer weitergeht, dass du deine positive emotionale Ausrichtung stärkst. Du erschaffst dir dein Weltbild ganz individuell durch dein Denken und Fühlen und Wünschen. Du entwickelst deine eigenen Vorstellungen über die Zukunft. In der Einsicht, dass dies so ist, liegt die Aufforderung und Möglichkeit, von jetzt an vertrauensvolle, positive Weltbilder zu erschaffen.

FRAGE:

Wie gehe ich mit dem Verlust von nahestehenden Menschen um?

Gebete sind auf jeden Fall hilfreich: Hilfsgebete für den Verstorbenen, Weisung des Weges für ihn ins Licht; eigene Trauerarbeit, vielleicht mit bestimmten Trauerphasen.

Aufklärung über das Jenseits und die geistigen Welten hilft natürlich auch; man sollte sich darum aber kümmern, bevor ein Mensch stirbt.

Fragen zu Partnerschaft und Familie

Erzengel Raphael ist hier zuständig, weil es bei jeder Partnerschaft darum geht, sie als eine heilsame Erfahrung zu erleben. Falls eine natürliche harmonische Beziehung aber (noch) nicht (mehr) möglich ist, besteht die Aufgabe darin, heilsame Wege zur Harmonie zu finden – mit oder auch ohne den anderen. Das gilt übrigens für berufliche Beziehungen ebenso wie für private!

Frage:

Zahlreiche Menschen sind heute nicht (mehr) verheiratet. Welche Rolle spielt die traditionelle Ehe in der Sicht der Engel?

Antwort der Erzengel:

Der Trauschein hat praktisch keinerlei Bedeutung (außer für Menschen, die in alten Mustern stecken). Entscheidend ist vielmehr die Hingabe, die Liebe, die emotionale Ver-Bindungsfähigkeit. Auch die gemeinsamen sozialen Beziehungen sind wichtig. Partnerschaft und die Form, wie sie sich entwickelt und zeigt, ist immer eine Resonanz auf die Form der Selbstliebe, die Menschen für sich empfinden.

Während Verliebtheit ein Muster der sexuellen Eigenschwingung ist, soll die dauerhafte Partnerschaft Resonanz auf Selbstliebe und Selbstwahrnehmung sein.

Wir mögen im Jenseits die schönsten und liebevollsten Geistwesen sein, können uns dort aber nicht so wahrnehmen wie hier als Menschen auf der Erde. Zur Eigenwahrnehmung benötigt man einen materiellen Körper. Deshalb inkarniert ein Mensch auf der Erde. Seine primäre Aufgabe besteht also darin, sich auf der Erde selbst wahrzunehmen. Dazu gehört auch die Selbstliebe. Auf der Erde ist alles in Polarität! Aus diesem Blickwinkel bedeutet Partnerschaft: Selbstfindung und Selbstwahrnehmung im Spiegel des Partners, d. h. der Partner spiegelt mir meine Persönlichkeit und meine Liebe. Dies kann nur geschehen, wenn ich mit mir im Reinen bin und den Partner so akzeptiere und lasse, wie er ist.

FRAGE:

Menschen im Westen haben heute oft keine eigenen Kinder. Wie sehen das die Engel?

ANTWORT DER ERZENGEL:

Wir sehen das voller Verständnis. Kinder haben etwas mit der individuellen Lebensaufgabe zu tun.

FRAGE:

Die Großfamilie, wie man sie früher kannte (mehrere Generationen unter einem Dach) gibt es heute kaum noch. Soll man das doch wieder versuchen?

ANTWORT DER ERZENGEL:

Füreinander da zu sein ist wichtig, gleich in welcher Konstellation. Viele Menschen haben aber nicht etwa nur die Großfamilie verloren, sondern überhaupt die sozialen Beziehungen und Ver-Bindungen zu den Mitmenschen.

*Was sagen die Engel dazu, dass man neue, alternative Ge-
meinschaften bildet, in denen Gleichgesinnte sich zusam-
mentun?*

ANTWORT DER ERZENGEL:

Das trägt zum spirituellen Wachstum bei. Das Miteinander ist
wichtig. Es kommt aber darauf an, wie man alternative Ge-
meinschaften definiert. Das ist sehr vom Einzelfall abhängig
und davon, dass keine neuen Dogmen unter dem Mäntelchen
der Verbesserung ihren Einzug halten.

FRAGEN ZU ARBEIT, BERUF UND GELD

Erzengel Samael fördert die Ausdauer und Konzentration.
Beides sind entscheidende Faktoren für Erfolg im Beruf und in
finanziellen Angelegenheiten.

FRAGE:

*Was mache ich, wenn ich entlassen wurde und arbeitslos
bin und ich Mühe habe, wieder einen neuen Job zu finden?*

ANTWORT DER ERZENGEL:

Es geht um neue Zielsetzungen. Welche Ziele strebst du an?
Und es ist eine Frage der Eigenliebe und der überzeugten
Wertschätzung. Eigentlich weißt du selbst bereits, worauf es
ankommt.

FRAGE:

*Wenn ich mich entscheiden kann, was ist wichtiger? Dass
ich einen Beruf ausübe, der mir Spaß macht und sozial
wertvoll oder spirituell ist, und dann mit sehr wenig aus-
kommen muss oder auf staatliche Zusatzhilfen angewiesen
bin, oder dass ich genügend oder gut verdiene, aber mit
einer ganz normalen kommerziellen Tätigkeit?*

Freude am Wirken bringt einen inneren Energiefluss, der zum äußeren Fließen von Möglichkeiten und Geld führt. Der richtige Zeitpunkt ist dafür wichtig. Falsche Entscheidungen machen krank!

FRAGE:

Ist Geld nicht eigentlich irgendwie immer anrüchig oder schlecht? Was sagen die Erzengel zur richtigen Auffassung über Geld und wie man damit umgeht?

ANTWORT DER ERZENGEL:

Die Notwendigkeit des Geldverdienens macht uns wach und bodenständig. Dadurch können wir uns bemühen, unsere geistigen Ansätze auf diesen Boden zu bringen. Denn die inneren Impulse wollen bewusst gelebt sein. Geld ist oft das Werkzeug, der innere Impuls die geistige Führung. Geld ist als Tauschgeschäft notwendig und nicht anrüchig. Geldverdienen aus geistiger Sicht bedeutet zu wirken.

FRAGEN ZUM LEID UND ZUM THEMA GUT UND BÖSE

Erzengel Zachariel stärkt die Kraft, alte Dinge abzuschließen und sich für Neues zu öffnen. Dabei müssen wir lernen, uns nicht in selbstgeschaffenen Mustern von Moralanschauungen und Verhaltensweisen einzusperren, die lebendige Veränderungen unmöglich machen oder behindern. Zachariel hilft, Grenzen der eigenen Vorstellung zu erweitern.

FRAGE:

Warum gibt es so viel Leid in der Welt? Warum lässt Gott das zu?

ANTWORT DER ERZENGEL:

Durch den freien Willen lernt der Mensch, sich für die Liebe oder für die Angst zu entscheiden. Es gibt viel Leid auf der Welt, weil die Menschen mit ihrer Freiheit noch nicht umgehen können.

FRAGE:

Was ist Gut und Böse aus geistiger Sicht?

ANTWORT DER ERZENGEL:

Polarität an sich ist im göttlichen Sinne. Für die lichtvollen geistigen Welten sind alle Polaritäten gleich wichtig und notwendig zur Selbstwahrnehmung und Entwicklung des Menschen. Die lichtvollen geistigen Welten selbst sind jedoch nur mit göttlicher Reinheit verbunden, so dass jede Bewertung nach Gut und Böse wegfällt.

FRAGEN ZU DEN UNTERSCHIEDLICHEN ARTEN DER LIEBE

Erzengel Anael steht für den Blick der Schönheit, der Anmut und den Optimismus. Nur durch eine solche Sichtweise können wir uns wirklich für eine Liebe öffnen, die über die vorübergehende Lust hinausgeht.

FRAGE:

Was sagen die Engel zur Liebe allgemein?

ANTWORT DER ERZENGEL:

Liebe ist Leben und Lebendigkeit. Liebe ist ein Grundgefühl, das auf verschiedene Arten gelebt werden kann. Alle Liebe ist jedoch eine Resonanz auf Selbst- bzw. Eigenliebe.

- Mutter- und Elternliebe ist lebensnotwendig und dient der Entwicklung der Hingabe und Rücksichtnahme.
- Selbstliebe ist wichtig, weil sie eine wesentliche Antriebskraft des Menschen darstellt.
- Partnerliebe macht den Austausch von Liebe erfahrbar.
- Universelle Liebe offenbart das Urvertrauen.
- Nächstenliebe ist eine Form von echtem Dienen.

Was sagen die Erzengel dazu, dass man für mehr als einen Menschen Liebe empfinden kann?

Antwort der Erzengel:

Wahre Liebe ist immer grenzenlos.

Fragen zur Entwicklung der Persönlichkeit und zur spirituellen Entwicklung

Erzengel Gabriel weist uns als Verkündigungsengel auf neue geistige Entwicklungen hin wie kein anderer Erzengel.

Frage:

Ich fühle mich keineswegs immer gut und will auch gar nicht so oft heilig oder erleuchtet werden oder sein. Wie kann ich erfüllt im Hier und Jetzt leben und doch zugleich auch offen sein für die lichte geistige Welt und spirituelle Dimensionen?

Antwort der Erzengel:

Zufriedenheit und Frieden mit sich selbst sind Schlüssel zur Antwort. Spiritualität ist der Weg dazu. Wir sind nicht auf die Welt gekommen, um keine Probleme zu haben; wir sind auf die Welt gekommen, um Probleme zu lösen.

Frage:

Warum geht es nicht ohne Spiritualität?

Antwort der Erzengel:

Weil wir geistige Wesen sind, welche auch die himmlischen Kräfte benötigen.

Warum ist Persönlichkeitsentwicklung nötig?

Weil wir Erfahrungen und dazugehörige Erkenntnisse brauchen, um den gütigen, göttlichen Kern bewusst zu leben.

FRAGE:

Ist spirituelle Entwicklung für jeden sinnvoll?

ANTWORT DER ERZENGEL:

Ja, weil das Urvertrauen für jeden wichtig ist, und dieses ist nur in einer geistigen Ausrichtung zu finden.

FRAGEN ZU RELIGION UND KIRCHE, PSYCHOLOGIE UND ESOTERIK

Erzengel Jophiel hilft, Gottvertrauen zu entwickeln, um auch Gotterleben zu erfahren. Er ist der Erzengel der Kraft des Glaubens.

FRAGE:

Wir in Europa lernen über die Existenz von Engeln seit zwei Jahrtausenden durch das Judentum, das Christentum und den Islam. Was sagen die Erzengel selbst zu den Religionen und Kirchen, zunächst einmal ganz allgemein?

ANTWORT DER ERZENGEL:

Für Gott und die Engel sind Religionen und Kirchen nicht wichtig. Wichtig ist für sie, dass sie von Menschen gehört werden. Religion ist ein Versuch, sich geistig zu begegnen.

FRAGE:

Was sagen die Erzengel dazu, dass es so viele verschiedene christliche Konfessionen und Kirchen gibt?

ANTWORT DER ERZENGEL:

Es gibt eben viele Verständnismöglichkeiten. Solange sie sich gegenseitig die Hand reichen, sind sie fruchtbar.

FRAGE:

Manche Schulen der Psychologie versuchen, Bewusstsein materiell zu erklären, und sagen dann, dass Engelerfahrungen Einbildung seien. Es gibt aber auch andere Richtungen. Was halten die Engel von Psychologie?

ANTWORT DER ERZENGEL:

Psychologie ist ein Weg, um Unterbewusstsein und Unbewusstes zu erforschen und zu begreifen. Eine spirituell orientierte Psychologie wird sich darum bemühen, einen Weg zum individuellen Lebenssinn zu finden, damit sich der Mensch im Göttlichen erleben kann.

FRAGE:

Es gibt Menschen, die sich Atheisten nennen und gegen jede Religion, jeden Glauben und alle spirituellen Wege wettern.

ANTWORT DER ERZENGEL:

Das seelische Empfinden des Glaubens entspricht dem Grundbedürfnis jedes Menschen. Auch Atheisten glauben nämlich daran, dass es als letzte Wahrheit ein »Nichts« gäbe. Sie können genauso wenig rational-materiell beweisen, dass alles nichts sei, wie Gläubige ihnen beweisen könnten, dass es Gott, die Christuskraft, den Heiligen Geist und die Engel gäbe. Wahrheit ist eine Kraft, die in den grob- und in den feinstofflichen Ebenen zu Hause ist und wirkt.

FRAGE:

Die Esoterikwelle, der Pendelschlag gegen den Materialismus, hat ein weltweit großes Interesse an Engeln und normalerweise unsichtbaren geistigen Ebenen hervorgebracht. Was ist da echt an Engelerlebnissen, Engeltherapien, Engelberatungen, Engel-Channelings und so fort?

In gewisser Weise ist alles echt, weil es auf persönlicher Art basiert. Reinheit in den geistigen Wahrnehmungen ist jedoch selten, weil nicht jeder die eigenen Wünsche und Vorstellungen von echten geistigen Erfahrungen unterscheiden kann.

FRAGEN ZU REINKARNATION, JENSEITS UND SINN DES LEBENS

Erzengel Metatron antwortet auf diesen Fragenkreis, da er als Überbringer von Informationen aus der Akasha-Chronik zuständig ist.

FRAGE:

> *Gibt es Reinkarnation? Gibt es Karma? Was sagen die Engel dazu?*

ANTWORT DER ERZENGEL:

Die allermeisten Menschen werden fast unzählige Male wiedergeboren, reinkarnieren also. Jedes Leben dient der Entwicklung und Vertiefung der Selbstwahrnehmung. Durch Erfahren und Fühlen und Ansammeln von Erlebnissen wächst der Mensch, bis er den Weg in die göttliche Einheit zu Ende gehen kann. Karma hat nichts mit Schuld und Sünde zu tun. Karma entspricht Gefühlen, die nicht losgelassen wurden, und Emotionen, die nicht geheilt sind. Karma stellt als Gesamtbegriff den Zusammenhang zwischen Vergangenheit und Zukunft dar, wie er in der Gegenwart erfahren wird. Wer sich in der Gegenwart für das Göttliche öffnet, sich ins Göttliche aufrichtet, kann Karma im Hier und Jetzt lösen.

Karma ist – anders gesagt – die Erinnerung an all die Blockaden, die sich im Verlauf der Lebenserfahrungen zwischen die Seele bzw. den individuellen Geist und Gott gestellt haben. Eine dauerhafte Verbindung mit Gott und der Fortfall aller

Bewertungen und jedes Festhaltens an Bewertungen vermag Karma jedoch umgehend und bereits in diesem Leben auszulöschen.

(Zusatz Jana Haas: Es gibt Dinge, die wir karmisch nicht angezogen haben. Wenn ein Kind nicht aufgepasst hat und der Autofahrer in Gedanken war und nun einen Unfall zu verantworten hat, muss das nicht bedeuten, dass die Eltern des Kindes, das Kind selbst oder der Fahrer im früheren Leben »etwas angestellt« haben. Es geht durch diese unglücklichen Umstände vielmehr darum, nun nicht deshalb neues Karma aufzubauen, d. h. keine ungelösten Emotionen mit ins nächste Leben zu tragen, sondern die Gefühle in Liebe umzuwandeln, auch wenn das anfangs fast unmöglich zu sein scheint. Wichtig ist bei allen menschlichen Handlungen immer der lichtvolle Sinn dahinter!)

FRAGE:

Gibt es so etwas wie Zufall oder Gottes unerforschlichen Ratschluss, der sich eben nicht durch Karma erklären lässt?

ANTWORT DER ERZENGEL:

Der Mensch hat einen freien Willen – zum Beispiel, nicht gut aufzupassen. Das muss gar nichts mit der persönlichen Vergangenheit in diesem oder in einem früheren Leben zu tun haben. Es ist eine Summe und Verkettung von Geschehnissen, in denen der freie Wille eine Rolle spielt. Daraus kann allerdings durchaus ein neues Karma entstehen.

FRAGE:

Wie kann ich sicher sein, dass es Engel überhaupt gibt? Dass es ein Leben nach dem Tod gibt? Dass ich nicht ausgelöscht sein werde?

Fühle in dein Empfinden hinein, welche Version dieser Meinungen dich mit Vertrauen erfüllt. Darin liegt deine Sicherheit. Seit Anbeginn der Menschheit hat es immer hellsichtige Menschen gegeben, welche in frühere Leben oder in die geistigen Sphären schauen konnten. Die Beschreibungen der geistigen Welten ziehen sich übereinstimmend durch die Geschichte.

Die Existenz der Engel, der geistigen Welten und das Leben nach dem Tod basieren nicht auf Wunschvorstellungen der Menschen, sondern wurden immer wieder von Sehern beschrieben.

(Zusatz Jana Haas: Ich selbst darf die geistigen Welten so sehen, wie ich auch die irdische Welt wahrnehme. Das ist die Grundlage für meine Beschreibungen der lichtvollen geistigen Welt.)

Frage:

Wie kann ich den Sinn meines persönlichen Lebens erkennen – oder auch, ob er sich vielleicht im Verlauf der Jahre verändert oder erweitert hat? Und wie kann ich ihn so erfüllen, dass ich auch frei und glücklich dabei lebe und mich nicht unter einem Gebot oder Zwang fühle?

Antwort der Erzengel:

Deine größte Sehnsucht und die größte Angst spiegeln das wider. Die geistigen Welten lassen uns bei der Erfüllung des Lebenssinns alle Freiheiten. Es gibt weder einen strafenden Gott noch ein Jüngstes Gericht im Außen, sondern nur der individuelle Mensch ist für sich, sein Tun und Streben selbst verantwortlich.

Es ist inzwischen weithin bekannt, dass Erzengel Raphael der Heilengel ist. Er antwortet auch auf die folgenden Fragen.

FRAGE:

Sind die Engel im Zweifelsfall eher für Naturheilkunde und naturnahe Therapien und Heilmittel anstatt für Allopathie und akademisch fundierte Medizin?

ANTWORT DER ERZENGEL:

Sie unterstützen jede menschliche Entscheidung. In erster Linie sind sie für die innere geistige Ausrichtung auf eine mental und spirituell heilsame Weise.

FRAGE:

Soll ich im Ernstfall lieber die Engel bitten als zum Arzt zu gehen?

ANTWORT DER ERZENGEL:

Der Mensch braucht beides!

FRAGE:

Wie soll ich es anstellen, dass ich Engelkräfte, Naturheilkunde oder Gebete und Meditation neben meiner normalen Behandlung durch Arzt oder Heilpraktiker einsetze?

ANTWORT DER ERZENGEL:

Du kannst dreimal täglich beten und dich auf die innere Ruhe und deine Selbstheilungskräfte besinnen. Dein Glaube an die eigene vollkommene Gesundheit ist wichtig.

FRAGE:

Hat jeder Mensch Heilkräfte?

ANTWORT DER ERZENGEL:

Wir sind alle unter denselben Himmel gesandt, und wir alle sind mit dem Licht verbunden.

FRAGE:

Welche Rolle spielt die Ernährung für Gesundheit und Heilung, vor allem die vegetarische Ernährung?

ANTWORT DER ERZENGEL:

Eine ausgewogene Ernährung ist selbstverständlich notwendig. Die Engel verurteilen den Genuss von Fleisch nicht.

10. Ausblick

Die Erzengel weisen uns Wege und geben uns Hilfen, um die göttliche Kraft des eigenen Selbst zu erfahren und zu leben. Sie öffnen unseren Blick dafür, dass es eine uranfängliche, allgegenwärtige Schöpferkraft gibt, aus der alles hervorgeht und zu der wir, alle Lebewesen und die gesamte Schöpfung als unveräußerliche und untrennbare Teile gehören. Mit den Informationen und Übungen, mit den Hinweisen für mentale Klarheit und den Meditationen zum eigenen Erleben haben Sie alles wichtige Wissen und alle wesentlichen Methoden erhalten, um eine eigene innige Beziehung zu den Engeln und Erzengeln aufzubauen.

Das wichtigste Anliegen der Erzengel für die neue Zeit betrifft nicht sie selbst, sondern uns. Die Erzengel möchten, dass wir zu den lebendigen Leuchten und den aktiven Trägern der neuen Zeit werden – einer Zeit der Menschlichkeit, der Liebe, der Freundschaft, der gegenseitigen Hilfe. Dazu bedarf es Ihrer bewussten Entscheidung, dass Sie als Mensch der neuen Zeit leben und wirken wollen. Wenn Sie diese Entscheidung erst einmal getroffen haben, fließen Ihnen die himmlischen Hilfen sozusagen wie von selbst zu! Zu diesen Hilfen zählen auch zwei Energien, aus denen die Erzengel ihre eigenen Kräfte überhaupt erst beziehen. Es sind zwei Schwingungen, die unsere Engelarbeit erst möglich machen. Denn das soll und darf ja nicht übersehen werden: Engel und Erzengel sind Brücken zur höchsten Kraft. Sie sind Helfer und Vermittler, Botschafter und Begleiter der Kräfte, die man Christuskraft und Gotteskraft nennen kann. In gewisser Hinsicht sind Erzengel Emanationen des Heiligen Geistes, der von Gott ausgeht, der von der Christuskraft getragen wird, und der doch eine wirkende Kraft an sich ist. Deshalb heißt es ja im Johannesevangelium: Im Anfang war das Wort ... Nichts ist geschaffen ohne dieses Wort, das wir als Heiligen Geist verstehen, ähnlich wie es in der Schöpfungsgeschichte am Beginn der Bibel schon heißt, dass »der Geist Gottes« über den Wassern schwebte. Manche Forscher nennen diesen göttlichen Geist übrigens auch Sophia.

Der Weg dorthin – besser: die Öffnung für die Kraft, die überall ist und die ganz von selbst zu uns kommt und in uns spürbar wird, als Gottvertrauen, als Lebensmut, als überpersönliche Liebe – findet der einzelne Mensch auf seine ganz eigene Weise.

Ich werde immer wieder gefragt, wie ich den Unterschied erlebe zwischen der Gegenwart von Erzengeln und diesen noch höheren Kräften. Darauf möchte ich noch kurz eingehen. Ausdrücklich erinnere ich daran, dass Menschen, die einen echten Zugang zu den lichten geistigen Welten erfahren dürfen, in ihren Umschreibungen derselben Erscheinungen durchaus voneinander abweichen können. Nachfolgend also meine persönlichen Erfahrungen, keine dogmatischen Feststellungen.

11. Meine persönlichen Erzengelerfahrungen

Meinen ersten Kontakt mir Erzengeln hatte ich, während ich in einem Buch blätterte. Plötzlich verspürte ich eine Weichheit im Raum. Immer mehr ließ ich mich in diese Kraft fallen und sah dann große Erzengelgestalten in verschiedener Farbe und Ausstrahlung. Die Erzengel teilten mir mit, dass sie für die Entwicklung der Menschheit zuständig seien und den Menschen ihre Hilfe in der heutigen Zeit noch näher bringen möchten. So erteilten sie mir den Auftrag, mit ihrer Hilfe zu wirken. Im Lauf der Zeit erlebte ich ihr Wirken auch im Alltag, in den Chakren und Organen, um anderen Menschen durch meine Erfahrungen und Ausführungen diese himmlischen Kräfte zugänglicher zu machen. Daraufhin habe ich begonnen, dieses Wissen in Meditationen, Vorträgen, Seminaren und Büchern anzuwenden. Ich sehe die Erzengel bildhaft in ihren Lichtgestalten. Sie strahlen und durchfluten mich auf der Gefühlsebene mit ihrer Schwingung. Durch diese innere Berührung entstehen klare Impulse, die ich verstehen, deuten und in Worte fassen kann.

An ein ganz besonderes Ereignis werde ich mich immer erinnern. Im Jahr 2008 war ich zu einer Fernsehsendung eingeladen, in der auch atheistisch denkende Menschen zu Gast waren. Vor der Aufnahme ging ich in innere Sammlung und bat um Führung und Hilfe. Ganz unerwartet sah ich Erzengel Michael vor mir. Er stand aufgerichtet, besonnen, geradeaus schauend und machtvoll da. Sein Lichtschwert, als Symbol der Kraft und des Muts, war nach unten gerichtet. Als ich ihn fragte, warum er da sei, sagte er mit großer Überzeugung: »Wir kämpfen nicht!« Dadurch spürte ich, dass es hohe Führung war, dass ich da war, und konnte mich, in aller Ruhe und Weisheit, sehr gut bei aggressiven Äußerungen der andersdenkenden Teilnehmer zurücknehmen. Das Zulassen dieser vertrauensvollen geistigen Anbindung ermöglicht jedem Menschen Durchhaltevermögen, Abgrenzung, Ruhe und Klarheit.

Auch heute wirkt dieser Impuls des Erzengels Michael noch in mir nach, dass die wahre Kraft in der göttlichen Bewertungslosigkeit liegt. Mit dieser tiefen Überzeugung können auch Sie lichtvoll handeln. Es ist ein Grundbedürfnis des Menschen, die Wahrheit zu suchen. Solange es Menschen gibt, die danach bestrebt sind, werden die Erzengel in ihrem Licht durch sie wirken. Spüren auch Sie ganz frei, was für Sie stimmig ist.

Christusbegegnung

Ich erlebe die Christuskraft als ein ewiges weißes Licht, oft in einer weißen menschlichen Silhouette. Ich sehe dabei eine vertikale Lichteinstrahlung und empfinde eine warme, umfassend tröstende Kraft.

Gottbegegnung

Die Ausstrahlung der höchsten Gotteskraft erlebe ich als ein rundes, breites und zutiefst gütiges Licht in Form eines allsehenden Blickes. Ich erfahre dabei eindeutige Botschaften und sehr klare Aussagen voller Stimmigkeit und kraftvoller und dabei zugleich selbstverständlicher und sich selbst völlig sicherer Energie.

Ich wünsche allen Menschen, ihren Lichtimpuls zu erfahren und daraus etwas Heilendes in dieser Welt vollbringen zu können. Möge die Menschheit sich von Tag zu Tag in ihrem Geist erheben und wissen, wofür es sie wirklich gibt. Möge unser göttlicher Impuls sich im Dienst an anderen Menschen, im Miteinander zeigen, damit wir immer mehr Licht auf diese Erde bringen. Die Liebe behütet uns.

Anhang

Zuordnung der Erzengel in verschiedene Systeme und Religionen

Nachfolgend einige Informationen über traditionelle Zuordnungen der Erzengel. Bitte bedenken Sie, dass es keine unumstrittenen Engelordnungen gibt, sondern von Zeit zu Zeit, auch innerhalb ein und derselben Religion, voneinander abweichende Darstellungen existieren. Hier zunächst einmal die »regierenden Engel« von neun Himmelsordnungen, die drei Sphären angehören.

1. Sphäre: Seraphim, Cherubim, Throne
- Herrscherengel bzw. »regierende« Erzengel der **Seraphim**: Michael, Seraphiel, Jehoel, Uriel, Kemuel (= Shemuel), Metatron, Nathanael und Luzifer (= Satan) vor seinem »Fall«
- Herrscherengel bzw. »regierende« Erzengel der **Cherubim**: Gabriel, Cherubiel, Ophaniel, Raphael, Uriel, Zophiel (= Sophiel) und Luzifer (= Satan) vor seinem Fall
- Herrscherengel bzw. »regierende« Erzengel der **Throne**: Orifiel, Zaphkiel, Zabkiel, Jophiel (oder Zophiel = Sophiel), Raziel (= Ratziel, Radziel)

2. Sphäre: Herrschaften, Tugendkräfte, Gewalten
- Herrscherengel bzw. »regierende« Erzengel der **Herrschaften**: Zadkiel (= Tsadkiel), Hashmal, Zacharael (= Yahriel; aber nicht zu verwechseln mit Zachariel), Muriel

- Herrscherengel bzw. »regierende« Erzengel der **Tugend-kräfte**:
  Uzziel, Gabriel, Michael, Pelielk, Barbiel, Sabriel, Haniel (= Hanael, Anael), Hamaliel, Tarschisch
- Herrscherengel bzw. »regierende« Erzengel der **Gewalten**:
  Camael (= Chamuel, Sammael), Gabriel, Verchiel und Luzifer (= Satan) vor seinem Fall

3. Sphäre: Fürsten, Erzengel, Engel

- Herrscherengel bzw. »regierende« Erzengel der **Fürsten**:
  Nisroc, Haniel (= Hanael, Anael), Requel, Cerviel, Amael
- Herrscherengel bzw. »regierende« Erzengel der **Erzengel**:
  Metatron, Raphael, Michael, Gabriel, Barbiel, Jehudiel, Barachiel und Luzifer (Satan) vor seinem Fall
- Herrscherengel bzw. »regierende« Erzengel der **Engel**:
  Phaleg, Adnachiel (Advachiel), Gabriel, Chaijliel (Chayyliel)

An dieser Aufstellung, die auf *Gustav Davidsons* Forschungen zurückgeht (S. 339 in seinem Buch; siehe Literaturhinweise), erkennt man rasch, dass die Thematik von Engelnamen, Sphären, Aufgaben, Hierarchien und so fort doch meist eine sehr theoretische Angelegenheit sein wird und bleiben muss, weil ja die wenigsten von uns einen unmittelbaren Zugang zu diesen Welten haben. Und wer gesegnet und begnadet sowie spirituell entwickelt genug ist, mit diesen lichten Welten zu kommunizieren, wird sich über Zuordnungen vermutlich keine Gedanken mehr machen und seine Zeit und Energie vielleicht nicht auf deren weitere Erkundung richten.

Ein Thema, das dennoch seit rund zweitausend Jahren erörtert wird, ist die Frage, ob es sieben »Haupt-Erzengel« gibt und falls ja, welche diese sieben sind.

Im Alten Testament tauchen Engel auf, als Gott nach der Vertreibung von Adam und Eva aus dem Paradies den Weg zum Baum des Lebens von ihnen bewachen lässt. Es heißt im ersten Buch Mose, im 3. Kapitel, Vers 24: »Und er trieb den Menschen hinaus und ließ lagern vor dem Garten Eden die Cherubim mit dem flammenden, blitzenden Schwert, zu bewachen den Weg zu dem Baum des Lebens.«

Im Traum verkündet Gott dem Jakob das Gelobte Land. Als Auftakt sieht Jakob Engel auf einer Himmelsleiter: »Und (Jakob) träumte, und siehe, eine Leiter stand auf Erden, die rührte mit der Spitze an den Himmel, und siehe, Gottes Engel stiegen daran auf und nieder. Und der Herr stand oben darauf und sprach: Ich bin der Herr, der Gott deines Vaters Abraham ...« 1 Mos 28,12–13

»Jakob aber zog seinen Weg. Und es begegneten ihm die Engel Gottes.« 1 Mos 32,2–3

Moses begegnet bei seiner Berufung einem Engel des Herrn: »Moses aber hütete die Schafe Jethros, seines Schwiegervaters, des Priesters in Midian, und trieb die Schafe über die Steppe hinaus und kam an den Berg Gottes, den Horeb. Und der Engel des Herrn erschien ihm in einer feurigen Flamme aus dem Dornbusch.« 2 Mos 3,1–2

Im Buch Hiob ist die Rede von Gottessöhnen, die nach vielen Auslegungen auch als Erzengel betrachtet werden können. Dort lesen wir: »Es begab sich aber eines Tages, da die Gottessöhne kamen und vor den Herrn traten, dass auch der Satan unter ihnen kam und vor den Herrn trat.« Hiob 2,1

Auch der Prophet Jesaja wird durch Engel berufen, durch ganz besondere Engel, die wir heute zu den Erzengeln zählen würden: »In dem Jahr, als der König Usia starb, sah ich den

Herrn sitzen auf einem hohen und erhabenen Thron, und sein Saum füllte den Tempel. Seraphim standen über ihm; ein jeder hatte sechs Flügel: mit zweien deckten sie ihr Antlitz, mit zweien deckten sie ihre Füße, und mit zweien flogen sie. Und einer rief zum anderen und sprach: Heilig, heilig, heilig ist der Herr Zebaoth, alle Lande sind seiner Ehre voll! ... Da flog einer der Seraphim zu mir und hatte eine glühende Kohle in der Hand, die er mit der Zange vom Altar nahm, und rührte meinen Mund an und sprach: Siehe, hiermit sind deine Lippen berührt, dass deine Schuld von dir genommen werde und deine Sünde gesühnt sei.« Jes 6,1–7

Eine sehr intensive Begegnung mit einem Himmelswesen – vielleicht mit einem Erzengel, einem künftigen Messias oder sogar mit Gott selbst, das bleibt unklar – wird vom Propheten Daniel im zehnten Kapitel seines Buches berichtet. Es heißt dort u. a.:

»(Ich) hob meine Augen auf und sah, und siehe, da stand ein Mann, der hatte leinene Kleider an und einen goldenen Gürtel um seine Lenden. Sein Leib war wie ein Türkis, sein Antlitz sah aus wie ein Blitz, seine Augen wie feurige Fackeln, seine Arme und Füße wie helles, glattes Kupfer, und seine Rede war wie ein großes Brausen. Aber ich, Daniel, sah dieses Gesicht allein, und die Männer, die bei mir waren, sahen es nicht; doch fiel ein großer Schrecken auf sie, so dass sie flohen und sich verkrochen.« Daniel 10,1–8

ENGEL IM NEUEN TESTAMENT

Auch im Neuen Testament wird immer wieder von Engeln berichtet: »Und im sechsten Monat ward der Engel Gabriel gesandt von Gott ... zu einer jungen Frau ... Und der Engel kam zu (Maria) hinein und sprach: Gegrüßest seist du, Hochbegnadete! Der Herr ist mit dir!

Sie aber erschrak über seine Rede und dachte bei sich selbst: Welch ein Gruß ist das? Und der Engel sprach zu ihr: Fürchte dich nicht, Maria, du hast Gnade bei Gott gefunden.« Lk 1,26–30

»Und es waren Hirten in derselben Gegend auf dem Felde bei den Herden, die hüteten des Nachts ihre Herde. Und siehe, des Herrn Engel trat zu ihnen, und die Klarheit des Herrn leuchtete um sie; und sie fürchteten sich sehr. Und der Engel sprach zu ihnen: Fürchtet euch nicht! Siehe, ich verkündige euch große Freude, die allem Volk widerfahren wird; denn euch ist heute der Heiland geboren, welcher ist Christus, der Herr, in der Stadt Davids.« Lk 2,8–11

Auch noch nach Jesu Lebzeiten erscheinen Engel.

»Aber der Engel des Herrn tat in der Nacht die Türen des Gefängnisses auf und führte sie heraus und sprach ...« Apg 5,19

»Aber der Engel des Herrn redete zu Philippus und sprach ...« Apg 8,26

»Das Geheimnis der sieben Sterne, die du gesehen hast in meiner rechten Hand, und die sieben goldenen Leuchter: die sieben Sterne sind Engel der sieben Gemeinden, und die sieben Leuchter sind die sieben Gemeinden.« Off 1,20

»Und es erhob sich ein Streit im Himmel: Michael und seine Engel stritten wider den Drachen.« Off 12,7

»Und ich, Johannes, bin es, der solches gehört und gesehen hat. Und da ich's gehört und gesehen, fiel ich nieder, anzubeten zu den Füßen des Engels, der mir solches zeigte.« Off 22,8

ENGEL IM TALMUD

Im Talmud, neben dem Alten Testament das grundlegende Werk der jüdischen Glaubenslehre, finden sich ebenfalls zahlreiche Erwähnungen von Engeln. Ein Beispiel stellvertretend für viele andere: »Tag für Tag werden Dienstengel aus dem Feuerstrom erschaffen, sagen den Lobgesang und vergehen, denn es heißt: Neue für alle Morgen, groß ist deine Treue ... Durch jedes einzelne Wort, das aus dem Munde des Heiligen, gelobt sei er, hervorgeht, wird ein Engel erschaffen, denn es heißt: Durch das Wort des Herrn wurden die Himmel gemacht und durch den Hauch seines Mundes all ihr Heer.« Chagiga 14a

ENGEL IM ISLAM

Auch im Islam spielen Engel eine Rolle. Die 35. Sure des Propheten Mohammed, die sogar »Die Engel (Al-Fatir)« heißt und zu Mekka offenbart wurde, beschreibt die Engel und die Größe Gottes: »Im Namen Allahs, des Allbarmherzigen. Lob und Preis sei Allah, dem Schöpfer der Himmel und der Erde, der die Engel zu seinen Boten macht, begabt mit zwei, drei und vier Paar Flügeln. Er fügt seinen Geschöpfen hinzu, was er will, denn Allah ist aller Dinge mächtig. Die Gnade, welche Allah den Menschen erzeigt, kann niemand zurückhalten, und was Allah zurückhält, das kann niemand außer ihm erzeigen. Nur er ist der Allmächtige und Allweise. O ihr Menschen, seid doch eingedenk der Gnade Allahs gegen euch! Gibt es denn außer Allah noch einen Schöpfer, welcher euch mit Nahrung vom Himmel und von der Erde versorgt? Es gibt keinen Gott außer ihm, und ihr wolltet euch von ihm abwenden?«

Nach der islamischen Glaubenslehre erschuf Allah, der eine und einzige Gott, die Welt und alles, was in ihr ist. Engel und Teufel sowie Dschinnen, das sind teils gute, teils böse Geister, schuf Allah aus Feuer, den Menschen jedoch aus Lehm. Die Menschen sind in Allahs Augen die höchsten Wesen – höher als Engel, Teufel und Geister. Er verlieh den Menschen einerseits unbeschränkte Willensfreiheit, andererseits gab er ihnen aber auch ein in seinem göttlichen Buch im Himmel vorgezeichnetes Lebensschicksal. Im Koran finden wir an zahlreichen Stellen Hinweise auf Engel und ihre Aufgaben. Immer wieder wird dabei deutlich, dass die Engel eine wichtige Stellung in Gottes Schöpfung innehaben, der Mensch ihnen jedoch überlegen ist, weil er trotz seiner irdischen Unscheinbarkeit und Zeitlichkeit, trotz seiner geringen Kräfte im Vergleich zu Engeln, Geistern und Teufeln von Gott doch als die Krone der Schöpfung geschaffen wurde. Der Koran verweist darauf, dass jemand, der ein wahrer Gläubiger sein will, auch an Engel glaubt, und jemand, der nicht an Engel glaubt, auch kein echter Gläubiger sei.

ENGEL IM HINDUISMUS

In der indischen Kosmologie thront die Göttermutter Kali im hinduistischen Pantheon über der Dreieinigkeit von Brahma, dem Schöpfer, Vishnu, dem Erhalter, und Shiva, dem Auflöser. Auch im gelebten Hinduismus geht man davon aus, dass darüber noch eine einzige, wirklich allmächtige, allwissende und allein gebietende Macht herrscht, nämlich Gott. Die Geistwesen der Zwischenebenen werden zwar meist Götter genannt, könnten bei der Übertragung in unseren kulturellen Kontext aber genauso gut als Seraphim, Cherubim und Erzengel bezeichnet werden.

NEUERE CHRISTLICHE ZEUGNISSE

Die neuere Geschichte des Christentums verzeichnet zahlreiche Zeugnisse von Engelerfahrungen. Das berühmteste und umfassendste Zeugnis dieser Art hat der »Seher des Nordens«, der schwedische Theologe und Mystiker *Emanuel Swedenborg* hinterlassen. Nachfolgend einige Worte des großen Sehers aus dem 18. Jahrhundert, wie er sie nach seinen Himmelsgeschichten und überirdischen Visionen niedergeschrieben hat.

»Wunderbares darf ich jetzt berichten und beschreiben, was meines Wissens noch niemand bekannt geworden oder auch nur in den Sinn gekommen ist: Der gesamte Himmel ist nämlich so gebildet, dass er dem Herrn, genauer: seinem Göttlich-Menschlichen entspricht. Der Mensch aber ist so geschaffen, dass er bis in alle Einzelheiten hinein dem Himmel und durch den Himmel dem Herrn entspricht. Dies ist das große Mysterium, das nun enthüllt werden soll. Im anderen Leben ist das Bestehen einer solchen Entsprechung wohl bekannt, und die Engel wissen daraus die größten Geheimnisse, die im Menschen und der ganzen Natur sind.«

»Es gibt drei Himmel ... Die Engel eines jeden Himmels sind nicht an einem Ort beisammen, sondern in größere und kleinere Gesellschaften eingeteilt, je nach den Unterschieden des Guten, der Liebe und des Glaubens, in denen sie sich befinden.« (Zitiert nach *Er sprach mit den Engeln* S. 54 und S. 159; siehe Literaturhinweise. Wer nach sehr genauen Berichten aus »westlicher Sicht« über die inneren Ebenen sucht, sollte sich dieses wunderbare Buch besorgen!)

WEITERE ENGELZUORDNUNGEN

Zahlensymbolik, Numerologie und neun Erzengel

Eins: Gott, Sonne, Mann, Tat, All-Eins; Erzengel Uriel als Klarheit und Kraft für das All-Eins-Sein.

Zwei: Mond, Frau, Polarität, Weichheit, Übertragung; Erzengel Michael als Gleichgewicht der Polaritäten.

Drei: Dreifaltigkeit, Miteinander; Erzengel Raphael als Heilung von allen Qualitäten.

Vier: Materie, Revolution, Gesamtenergie, Bewusstsein, Integration; Erzengel Metatron als das Bewusstsein im Leben.

Fünf: Sinnlichkeit, Religio, Lebensplan; Erzengel Jophiel als Friede und Religio.

Sechs: Partnerschaft, Harmonie, wahre Liebe; Erzengel Anael als Vereinigung mit seinem Inneren.

Sieben: Geburt, Tod, Überwindung; Erzengel Samael als Konzentration für seinen Plan.

Acht: Gerechtigkeit, Wandlung, Karma; Erzengel Gabriel als Orientierung im Wachstum.

Neun: Geist, Kampf, Tapferkeit; Erzengel Zachariel als Vorwärtsschreiten zu seinen Zielen.

Elemente und Erzengelzuordnung

Holz bzw. Baum: Aufbruch, Entwicklung; Erzengel Gabriel als grenzenloses Wachstum.

Feuer: Aktion, dynamische Phase; Erzengel Michael als die verbrennende Kraft.

Erde: Wandlung, Veränderung; Erzengel Zachariel als Kraft der Vorwärtsbewegung.

Metall bzw. Gold: Reife, Ablösung; Erzengel Uriel als Klarheit und Stärke.

Wasser: Betrachtung, Lageerfassung, Ruhe; Erzengel Raphael als Heilelement des Wassers und Harmonie.

Literaturempfehlungen

Folgende drei Bücher dienten neben Bibel, Talmud und Koran als Grundlagen für die Zuordnungen von Engeln zu Eigenschaften und Namen:

Gustav Davidson: A Dictionary of Angels, The Free Press, New York 1967

Wulfing von Rohr: Engel – Boten des Himmels, Boten der Seele, Lüchow, Stuttgart 2006

Swedenborg (Hg. Friedemann Horn): Er sprach mit den Engeln, Swedenborg Verlag, Zürich 1995

Bisher erschienene Bücher, Karten und CDs von Jana Haas:

- Engel und die neue Zeit: Heilwerden mit den lichten Helfern, Allegria Verlag, Berlin 2008
- Engelkarten (44 Lichtbotschaften mit Anleitung), Allegria Verlag, Berlin 2008
- Heilung mit der Kraft der Engel: Das Praxisbuch zum energetischen Heilen von Körper und Seele, Knaur Verlag, München 2009
- Schutzengelkalender 2012, Knaur Verlag, München 2011
- Mit den Engeln durch das Jahr: 365 himmlische Botschaften, Knaur Verlag, München 2009
- Vortrag: Die 7 Erzengel, CD, Eigenverlag (Bestellung siehe unten)
- Vortrag: Himmel und Erde und deren Heilkraft, CD, Eigenverlag
- Vortrag: Das Jenseits: Aufstieg in den Himmel, CD, Eigenverlag
- Vortrag: Karma: Ursachen, Wirkungen und Loslassen aus geistiger Sicht, CD, Eigenverlag

Die Autoren

Neben Vorträgen, Engel-Meditationsabenden, Tageskursen und Wochenendseminaren bietet Jana Haas zwei intensive Ausbildungen an. Der Inhalt dieses Buches greift auch auf praktische Erfahrungen in diesen Kursen zurück.

Zeitweise arbeitet Jana Haas beratend zur Erforschung von möglichen geistigen Hintergründen auch in der Praxis »Naturmedizin Bodensee« von HP Werner Wider und Viole Wider in Überlingen mit: www.naturmedizin-bodensee.de
Telefon: +49-(0) 75 51-97 02 30

Regelmäßige Engelmeditationen, Abende mit Engelbotschaften sowie weitere Vorträge finden Sie auf ihrer Webseite: www.jana-haas.de

Kontakt
cosmogetic-institut
Hubenmühle 4
D-88634 Herdwangen-Schönach
Tel. +49-(0) 75 52-93 83 99
Fax -938626

Wulfing von Rohr ist Chefredakteur des ENGELmagazins, Kultur- und Bewusstseinsforscher, Buchautor und Koautor, Moderator von Bewusstseinskongressen und Seminarleiter. Er lebt in Anif bei Salzburg am magischen Untersberg. Mit Gerd B. Ziegler bietet er Tarot-Berater-Ausbildungen an. Er moderierte die Konferenzen *The Gathering* in Solothurn, *Lebenskraft* in Zürich, *Engeltage* in Nürnberg, *Engeltage* in Luzern und *Engeltage* in Hannover. Mehr Termine auf: www.engeltage.org
E-Mail: wulfing@aon.at

Jana Haas
Erzengel
Neun geführte Meditationen

MensSana
CD
BEI KNAUR

Die Meditationen helfen dabei, sich mit der Kraft von
Michael, Zachariel, Anael, Raphael, Samael, Uriel, Gabriel,
Sandalphon und Metatron zu verbinden und ihre Unter-
stützung für die persönliche Entwicklung zu erfahren.

Gesprochen von Jana Haas
Gesamtspieldauer: 71 Minuten

MensSana
CD
BEI KNAUR